des sports et des jeux

Raquette de badminton

Club de golf

Balle de golf

Gant de boxe

Gant et balle de base-ball

Javelot

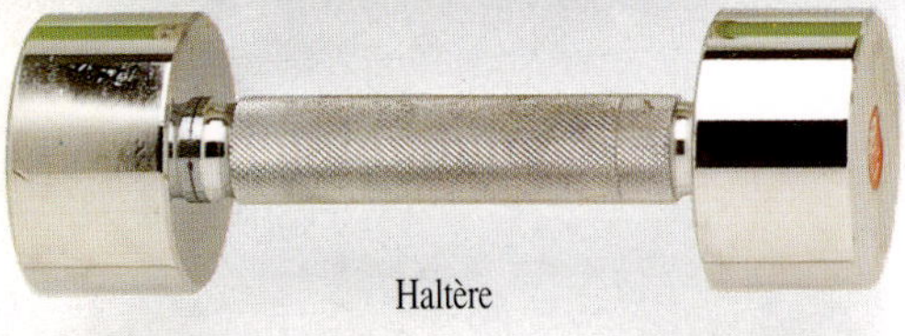

Haltère

Flèches

des sports et des jeux

Pistolet de starter

par

Tim Hammond

Photographies originales de Dave King

Gant de cricket

Granulés de piste en Tartan

Ballon de football américain

Volants de badminton

Poids

Bâtons de relais

Chronomètre

GALLIMARD

Balle de tennis

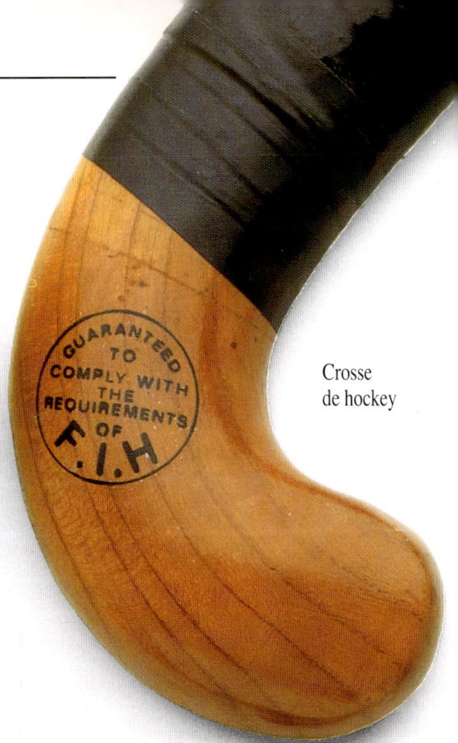

Crosse de hockey

Volant

Sifflet d'arbitre

Comité éditorial

Londres :
Mike Clowes, Vicky Davenport,
Tim Hammond, Jane Owen

Paris :
Christine Baker, Elisabeth de Farcy

Traduction

Iris Dorée

Révision technique

Jean-Claude Slyper

Secrétariat de rédaction :

François Cazenave, Pascale Froment, Catherine Leplat

Publié sous la direction de :

Peter Kindersley,
Jean-Olivier Héron
et
Pierre Marchand

Billes de billard

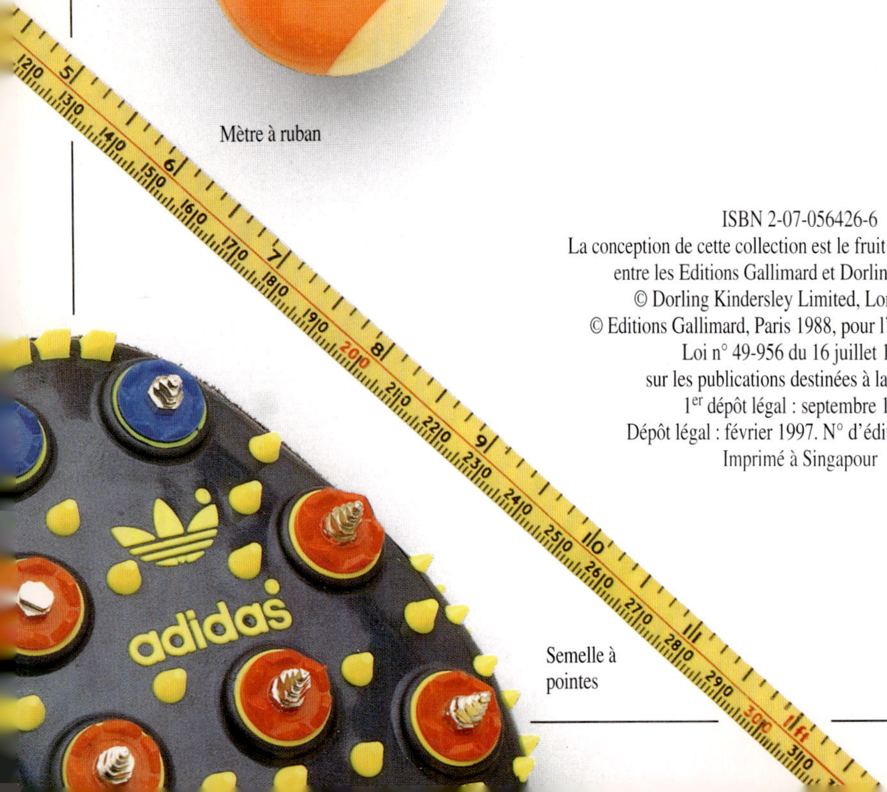

Mètre à ruban

Fléchette

Tee de golf

Balle de squash

ISBN 2-07-056426-6
La conception de cette collection est le fruit d'une collaboration
entre les Editions Gallimard et Dorling Kindersley.

Loi n° 49-956 du 16 juillet 1949
sur les publications destinées à la jeunesse
1er dépôt légal : septembre 1988
Dépôt légal : février 1997. N° d'édition : 79820
Imprimé à Singapour

Semelle à pointes

Serre-tête

SOMMAIRE

LE «FOOT» RESTE LE PLUS POPULAIRE

Sport collectif, le football oppose deux équipes de onze joueurs qui tapent dans un ballon, avec le pied ou avec la tête, pour le faire entrer dans le but adverse. Il est interdit de toucher le ballon avec la main ou le bras, sauf lors des remises en jeu. Seul le gardien de but peut, à tout moment, déroger à cette règle. Voilà des siècles qu'à travers le monde, on joue à la balle au pied. Dans la Chine ancienne, cela faisait partie de l'entraînement militaire : c'était alors la tête d'un guerrier ennemi qui servait de ballon ! Au Moyen Âge, le roi d'Angleterre dut interdire le ballon rond : les archers en venaient à délaisser leurs exercices et disputaient des parties si violentes qu'ils n'étaient plus en état de faire la guerre. Ces jeux anciens sont aussi à l'origine du football américain et du rugby mais le sport populaire par excellence, depuis la nuit des temps, c'est le football. Aujourd'hui, il est pratiqué par des millions de joueurs... et de spectateurs.

LA COUPE DU MONDE
Cette coupe est mise en jeu tous les quatre ans par la Fédération Internationale de Football Association (FIFA). Après sa troisième victoire, en 1970, le Brésil a conquis le droit de conserver définitivement ce trophée original, la coupe Jules Rimet.

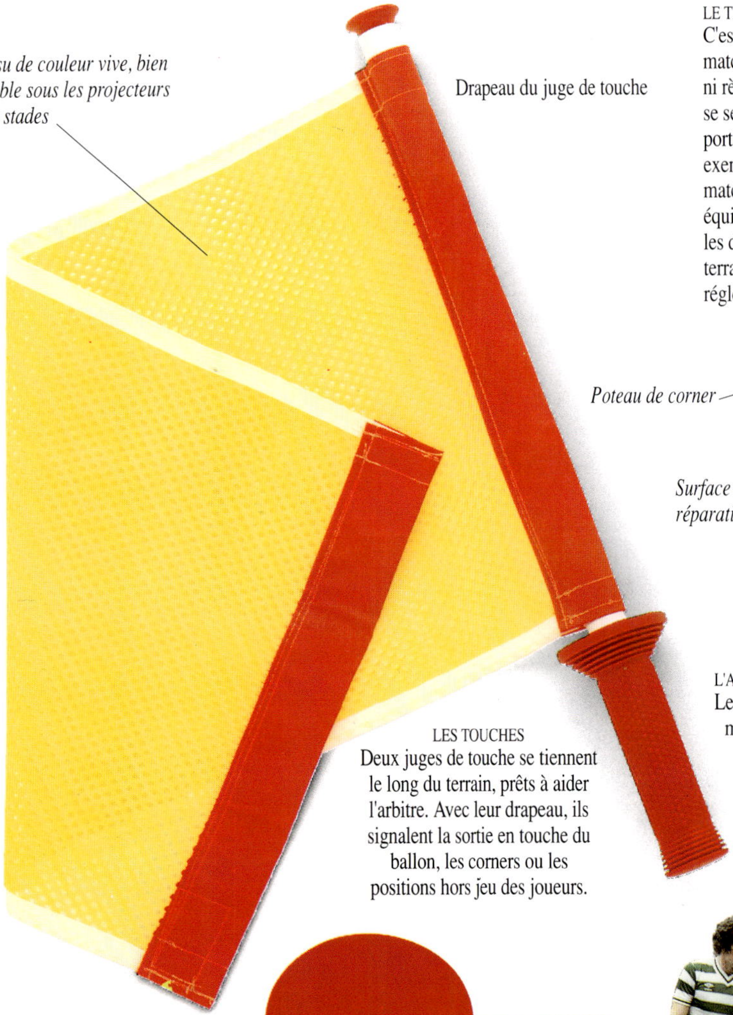

Tissu de couleur vive, bien visible sous les projecteurs des stades

Drapeau du juge de touche

LE TERRAIN DE JEU
C'est dans la rue que se jouaient les premiers matchs de football. Il n'y avait pratiquement ni règles ni durée fixe. Pour les buts, on se servait des repères existants : les portes de l'église paroissiale, par exemple. Aujourd'hui, les matchs sont disputés par des équipes de 11 joueurs et les dimensions du terrain sont réglementées.

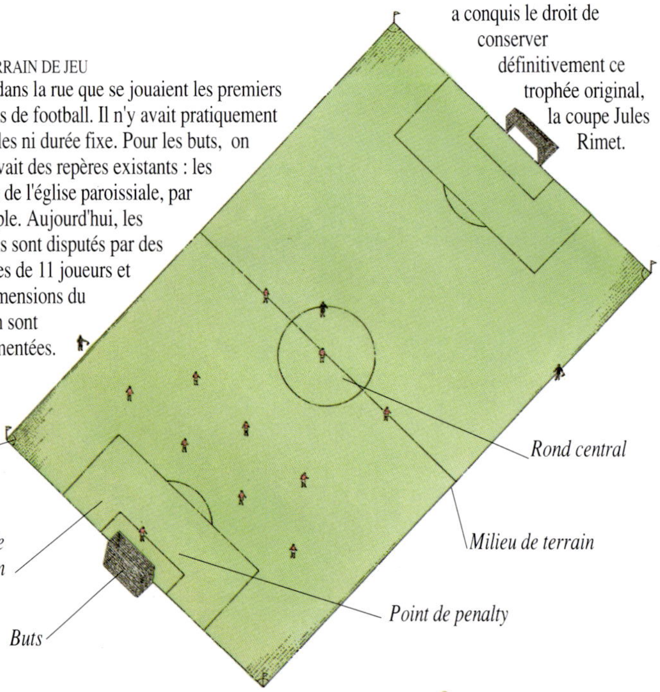

LES TOUCHES
Deux juges de touche se tiennent le long du terrain, prêts à aider l'arbitre. Avec leur drapeau, ils signalent la sortie en touche du ballon, les corners ou les positions hors jeu des joueurs.

L'ARBITRE
Le coup de sifflet de l'arbitre marque le début et la fin de la partie. Il signale aussi les fautes. Avec ses cartons jaune et rouge, l'«homme en noir» indique un avertissement ou l'expulsion d'un joueur.

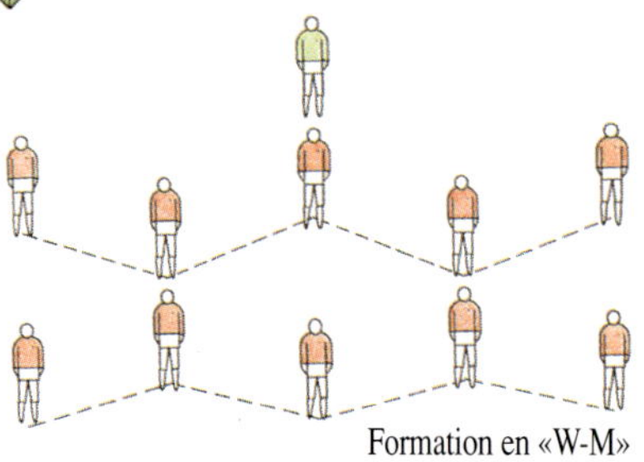

Formation en «W-M»

DISPOSITION DES ÉQUIPES
Chaque équipe peut placer de différentes façons ses défenseurs, milieux de terrain et attaquants.

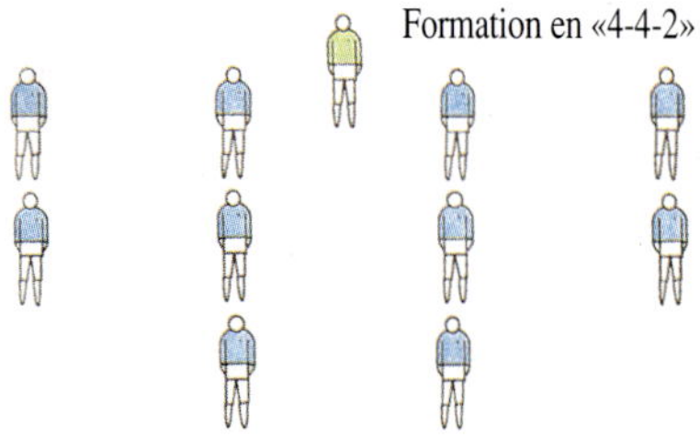

Formation en «4-4-2»

DURÉE DU MATCH
On joue deux mi-temps de 45 minutes chacune. L'arbitre peut ajouter le temps des arrêts de jeu.

Carton rouge

Sifflet de l'arbitre

Carton jaune

LA MODE DU «FOOT»

La tenue des joueurs modernes est très différente de celle des premiers professionnels, il y a cent ans. En 1875, les joueurs n'avaient pas encore de numéro sur leur maillot. Leurs équipements étaient si «personnalisés» que l'on pouvait reconnaître chacun à la couleur de sa casquette ou de ses bas. Mais ce sont les chaussures qui ont le plus changé : les lourdes bottines renforcées du siècle dernier ont peu à peu été remplacées par des chaussures souples et sophistiquées, trois fois plus légères.

VERS 1880 *ci-dessus*
A l'époque, on tape dans le ballon avec le bout du pied. Aussi les bottines sont-elles renforcées d'acier ou de chrome. Pour protéger les tibias, les jambières se portent par-dessus les bas.

Semelle de cuir

LES ANNÉES 1930-1950
Une tenue plus légère, malgré la culotte très large. Les chaussures pèsent encore 500 g chacune. Les protège-tibias se portent sous les bas.

Bottines montantes

Chaussures du début du XXe siècle

Forme plus ajustée

Chaussures des années 1950

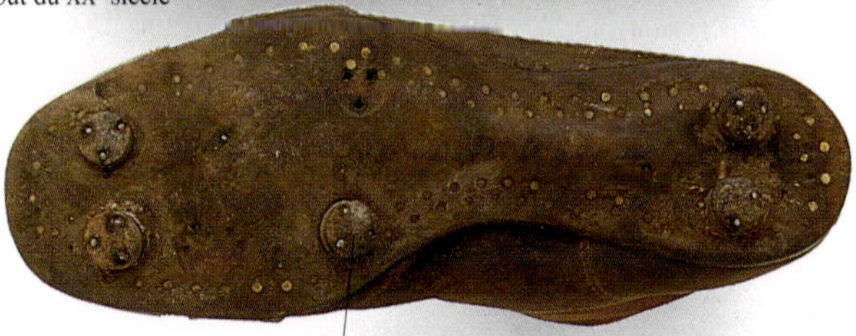

Crampons de cuir cloués sur la semelle

LE GARDIEN DE BUT
Seul le gardien de but est autorisé à toucher le ballon avec les mains. Son maillot n'est pas de la même couleur que celui de ses coéquipiers. Il porte presque toujours des gants pour mieux attraper le ballon et parfois une casquette à visière pour ne pas être gêné par le soleil.

LE GAZON SYNTHÉTIQUE
Le gazon synthétique, qui résiste aux intempéries, remplace parfois les pelouses naturelles, vite détrempées. Cela vaut surtout pour le football américain (p. 10).

LES ANNÉES 1980 *ci-dessous*
Les chaussures modernes ne pèsent pas plus de 250 g chacune. Leur légèreté et leur souplesse permettent un style de jeu plus rapide et plus habile, et un meilleur contrôle du ballon.

Chaussures des années 1980

Crampons en caoutchouc — *Crampons en aluminium* — *Crampons en nylon*

DES CRAMPONS INTERCHANGEABLES
Tailles et matériaux sont différents selon le terrain : les crampons sont plats et en caoutchouc pour terrain dur, en aluminium pour terrain humide et glissant, en nylon pour terrain souple.

LES «ASTRO BOOTS»
Sur gazon synthétique, il faut porter des chaussures spéciales, à semelles munies de petits crampons moulés. Plus confortables que les crampons interchangeables, ils assurent une meilleure prise au sol. Chaque semelle en comporte 73 de plus que les chaussures ordinaires de foot !

LA FABRICATION DU BALLON ROND

Les ballons de «foot», ou d'autres sports, sont généralement en matière synthétique moulée. Ceux qu'utilisent les professionnels sont en cuir cousu autour d'une vessie en caoutchouc. Ils sont conçus pour bien suivre la trajectoire souhaitée.

Le cuir naturel se marque facilement

La dernière couture était fermée par un lacet

LE BALLON D'AVANT-GUERRE
Jusqu'aux années 1940, tous les ballons étaient en cuir. Ils résistaient moins bien à l'eau que les ballons modernes et s'alourdissaient par temps humide. Ils n'étaient pas encore cousus hermétiquement mais lacés.

Le football au Moyen Age

LA RUÉE
Les matchs étaient de véritables empoignades; des équipes de plus de 100 personnes se ruaient à la poursuite d'un ballon rudimentaire : une vessie de cochon gonflée.

LA CONFECTION D'UN BALLON EN CUIR

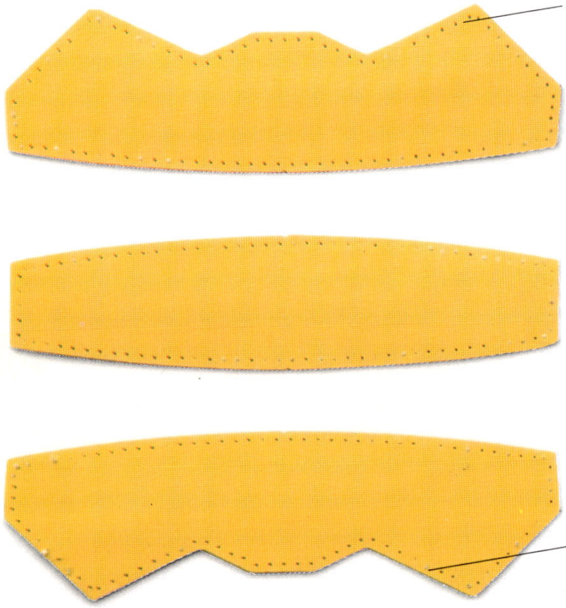

Trous poinçonnés pour passer l'aiguille

Bords découpés avec précision pour s'ajuster parfaitement

On enfile une aiguille à chaque extrémité du fil ciré

Fils cirés à plusieurs brins

Estampille du fabricant sur les pièces

1 LA DÉCOUPE
Le cuir est recouvert d'une couche de peinture spéciale qui le rend étanche. Un contrefort est collé au dos pour le renforcer et l'empêcher de se détendre. Plus le ballon est cher, meilleure est la qualité du cuir. Pour les ballons ordinaires, on se contente d'une peau plus souple. Un ballon est composé de 18 pièces, découpées de deux façons différentes avec des couteaux spéciaux.

2 LA COUTURE
Le piqueur assemble les pièces de cuir avec deux aiguilles et un fil ciré à cinq brins, imperméable et facile à manier. Les pièces sont maintenues bord à bord par un étau spécial (*voir page de droite*) que le piqueur serre entre ses genoux pour garder les mains libres.

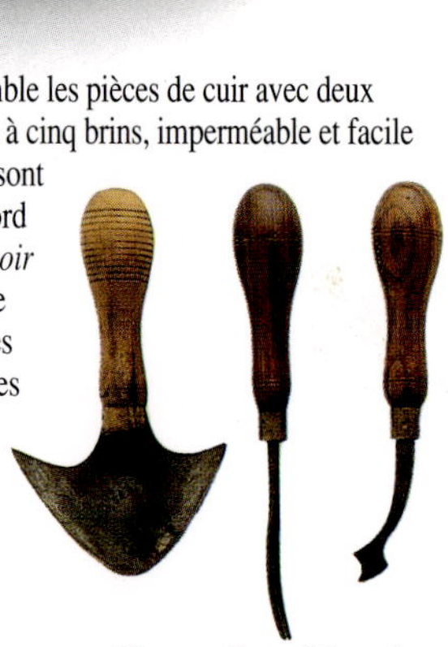

Vieux outils traditionnels pour fabriquer les ballons

CHEVALET DU PIQUEUR
Pour coudre le ballon, le piqueur est assis sur ce chevalet équipé d'un étau qui rapproche les pièces de cuir.

Pièces d'un ballon de rugby (p. 14) fabriqué selon le même procédé

Etau à serrer entre les genoux

Etau fixé par une attache métallique réglable

BALLON À 32 FACES
Le nombre et la forme des pièces varient selon les ballons. Celui-ci est constitué d'un assemblage de 12 pièces pentagonales et de 20 hexagonales.

LE FOOTBALL À CINQ
Ce ballon est destiné au jeu en salle pour des équipes de 5 à 6 joueurs. Un peu plus petit qu'un ballon de football normal, il est fabriqué dans une matière douce qui ressemble à du feutre et ne rebondit pas trop.

UN AUTRE MODÈLE
En 1924, ces joueurs ont disputé un match avec un ballon constitué de 12 pièces seulement — moins il y a de pièces, moins le ballon est rond.

Valve de vessie

Vessie en latex

Pièces cousues, ballon à l'envers

Terminé, le ballon pèse entre 400 et 450 g

Le ballon est destiné à recevoir des milliers de coups de pied et de coups de tête.

3 LA MISE EN FORME DU BALLON
Les pièces sont assemblées trois par trois et les coutures aplaties à coups de marteau pour donner une forme bien ronde au ballon. Toujours sur l'envers, les ensembles ainsi constitués sont cousus les uns aux autres à angle droit. On martèle de nouveau les coutures avant de retourner le ballon à l'endroit. Dans le dernier assemblage à coudre, le piqueur ménage un espace pour glisser la vessie en caoutchouc, et passe la valve de la vessie par un trou poinçonné dans le ballon.

4 LA FINITION DU BALLON
La dernière couture, sur l'endroit du ballon, est très délicate. Pour ne pas laisser un nœud extérieur visible, le piqueur fait entrer le fil à l'intérieur du ballon et coupe l'extrémité au plus court. Le ballon est ensuite examiné sous toutes les coutures, puis gonflé à la bonne pression. La fabrication d'un ballon prend environ trois heures et demie.

LE FOOTBALL AMÉRICAIN AIME LES CONTACTS

Un footballeur américain en pleine action

Sport d'équipe passionnant et spectaculaire, le football américain obéit à des règles tactiques compliquées au service d'un objectif simple : marquer des points en plaçant le ballon au-delà de la ligne de but adverse – cela s'appelle un essai ou «touchdown» – ou en l'envoyant d'un coup de pied entre les poteaux. Le jeu, dont le principe est de gagner du terrain sur l'adversaire, oppose deux équipes de 11 joueurs mais leur nombre peut s'élever jusqu'à 40 par équipe pendant un match. Ce sport est apparu dans les collèges américains à la fin du siècle dernier. Le contact physique y tient une très grande place, d'où les casques et les impressionnantes épaulières des joueurs. Les règles du football canadien sont légèrement différentes.

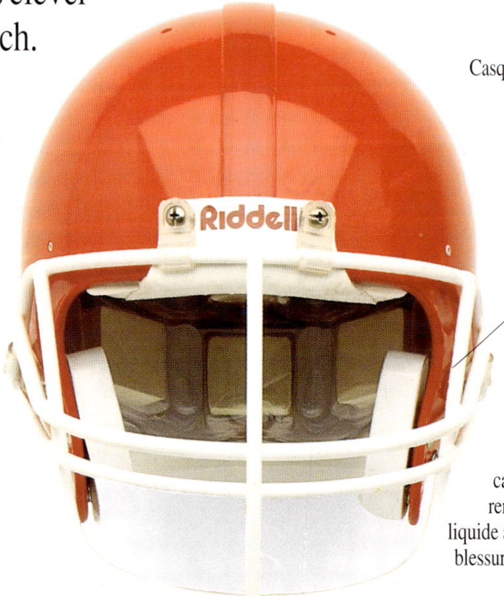

Casque de footballeur

Ecran facial en plastique incassable gainé de caoutchouc

«AMORTISSEURS» *ci-dessous*
A l'intérieur du casque, des poches remplies d'air ou de liquide antigel évitent les blessures en répartissant les chocs.

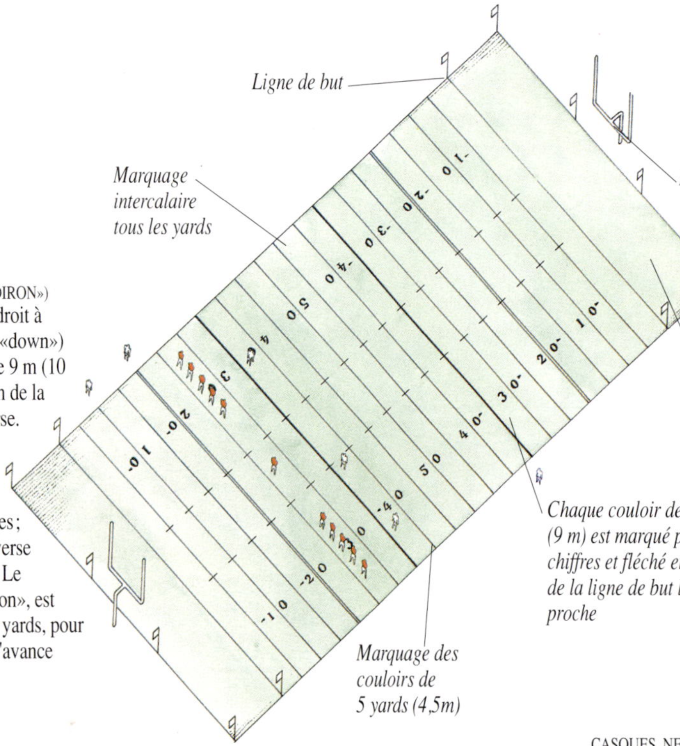

LE TERRAIN («GRIDIRON»)
Chaque équipe a droit à quatre tentatives («down») pour progresser de 9 m (10 yards) en direction de la ligne de but adverse. Si une équipe y parvient, elle a droit à quatre nouvelles tentatives; sinon le camp adverse reprend le ballon. Le terrain, ou «gridiron», est marqué tous les 5 yards, pour pouvoir mesurer l'avance d'une équipe (1 yard = 91 cm).

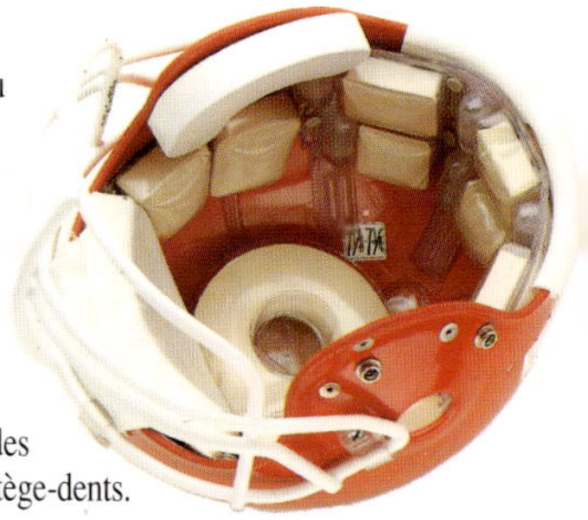

LA TÊTE À L'ABRI
Chaque joueur est tenu de porter un casque muni d'une grille qui protège le visage. Les premiers étaient en cuir bouilli . Aujourd'hui ils sont en matière plastique résistante. La plupart des joueurs portent un protège-dents.

LES GUERRIERS MODERNES...
L'équipe des Peaux-Rouges de Washington a été la première à porter des «peintures de guerre». Les joueurs trouvaient qu'en se maquillant ainsi les joues, ils étaient moins éblouis par le soleil. Cette pratique est devenue courante.

Cincinnati Bengals

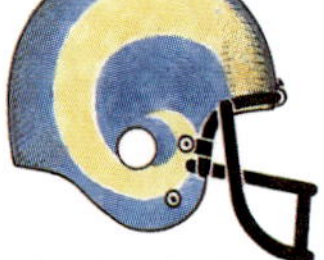

Los Angeles Rams

Philadelphia Eagles

New York Jets

San Diego Chargers

Buffalo Bills

Seattle Seahawks

New York Giants

CASQUES NFL
Les noms des 28 équipes de la NFL (National Football League) sont formés à partir du nom de leur ville d'origine suivi d'un «nom de guerre». Un logo, souvent choisi pour évoquer ce nom de guerre, figure sur les casques des joueurs.

... ET LEURS MODÈLES
Les noms de nombreuses équipes de football américain reflètent la nature agressive de ce sport. Chaque match est comme une bataille au cours de laquelle les équipes avancent et se replient à tour de rôle.

Les épaulières

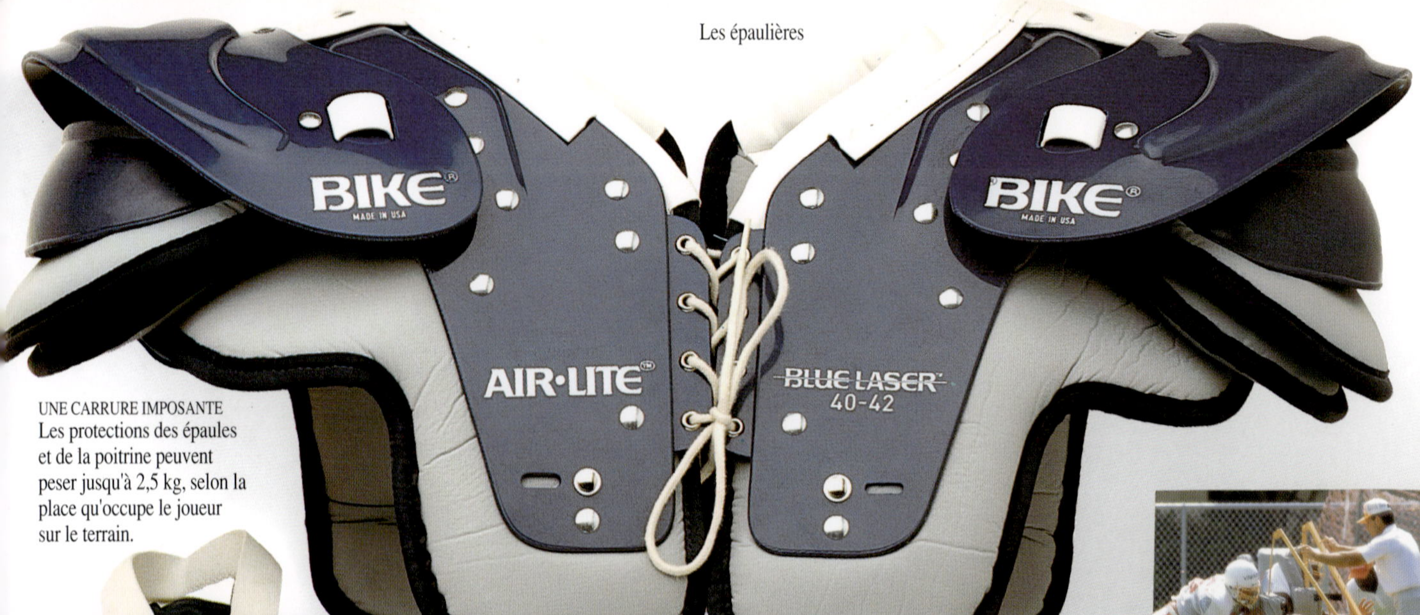

UNE CARRURE IMPOSANTE
Les protections des épaules et de la poitrine peuvent peser jusqu'à 2,5 kg, selon la place qu'occupe le joueur sur le terrain.

LE «JOUG»
Les joueurs s'entraînent sur cet appareil spécial pour développer leur force et perfectionner leur technique de plaquage.

Les protections du haut des bras se fixent aux épaulières

LES BRAS
Les protections de chaque joueur varient en fonction de la vitesse et de l'agilité que requiert son poste.

LES MAILLOTS
Certains joueurs portent des maillots très ajustés pour ne pas laisser de prise à l'adversaire. D'autres préfèrent des maillots en tissu très fin qui se déchire lorsqu'on l'agrippe. Le numéro du joueur doit mesurer au moins 20 cm sur le devant et 25 dans le dos.

Coudières

Les mitaines protègent les mains sans gêner le mouvement

LES GANTS
Certains joueurs portent des gants pour se protéger les mains et mieux saisir le ballon; d'autres préfèrent utiliser de la bande adhésive.

QUEL NUMÉRO ?
Trois formations de onze joueurs (escouades) par équipe : attaquants, défenseurs, et une «spéciale». Le numéro 34 est porté par un joueur de l'escouade offensive.

POURQUOI LA PROTECTION ?
À l'origine, le football américain était un sport très dangereux. En 1905, par exemple, il a causé la mort de 18 collégiens tandis que plus de 150 étaient grièvement blessés. Afin de diminuer les risques, le règlement a été modifié en ce qui concerne les équipements. Beaucoup de joueurs utilisent du ruban adhésif pour se protéger. Certaines équipes professionnelles en consomment plus de 500 km par saison !

LE CORSELET *à gauche*
En plus des casques et des épaulières, les joueurs portent des protections sur tout le corps. Le corselet, sorte de coquille en plastique dur, protège les côtes ; il s'attache aux épaulières et se ferme devant par des lacets.

Les attaches se fixent aux épaulières

HANCHES ET BAS-VENTRE *ci-dessous*
Pour le bassin, trois protections — une pour chaque hanche et une coquille pour le bas-ventre — reliées ensemble par des sangles qui s'attachent dans le dos.

Revêtement de plastique rigide

Cuissards

Garniture de mousse

Genouillères

LA CULOTTE
Les protections du bassin et des jambes se portent sous une culotte moulante, lacée devant, qui descend jusqu'aux genoux.

Protections à glisser sous une culotte moulante

LE BALLON
Ovale, le ballon de football américain a les bouts plus pointus qu'arrondis, pour être lancé plus facilement d'une seule main. Il est constitué d'une vessie en caoutchouc gonflée et habillée de cuir grenu. Chez les professionnels, l'équipe jouant à domicile doit fournir 24 ballons pour chaque match.

Cuir grenu

Bouts pointus

Un «quarterback» s'apprêtant à lancer

LE MENEUR DE JEU
Le «quarterback» dirige le jeu et choisit le joueur le mieux placé pour recevoir ses passes. Il doit être rapide... de corps et d'esprit, avoir une bonne dose de sang-froid et lancer le ballon d'un geste puissant et ajusté. Un «quarterback» doit aussi être costaud car chaque fois qu'il a le ballon, il risque d'être plaqué par les défenseurs adverses.

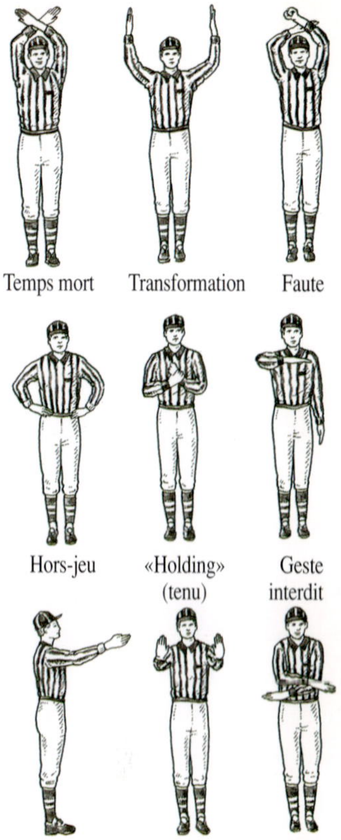

LES «ZÈBRES»
Les arbitres sont ainsi désignés à cause de leur chemise à rayures. Ils font connaître leurs décisions par des signes.

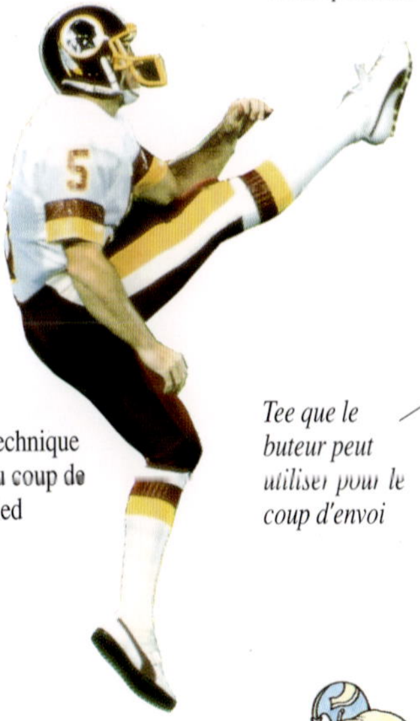

Technique du coup de pied

Le tee

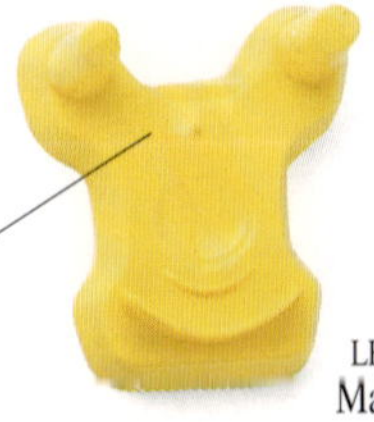

Tee que le buteur peut utiliser pour le coup d'envoi

LE COUP DE PIED
Malgré son nom, le football américain se joue très peu avec les pieds. Ce sont les escouades «spéciales» qui se chargent des phases de jeu au pied : coups d'envoi ou remises en jeu, buts, appelés «field goals» et transformations des essais, reprise du terrain en dégageant le ballon au pied.

Crampons à visser

Rabat en cuir

LES CHAUSSURES
Chaussures à crampons ou à semelle moulée selon le terrain. Certains buteurs préfèrent botter pieds nus.

PROTECTION D'AUTREFOIS
Les rembourrages des années 1930 étaient très loin de ressembler aux équipements modernes de protection. Les casques en cuir, un peu comme ceux des premiers aviateurs, n'étaient pas très efficaces.

Marquer un essai

LE RUGBY PASSE LE BALLON EN FORCE

Les joueurs de rugby peuvent courir en portant le ballon, le botter et faire des passes – en arrière – à la main. Les équipes marquent un essai en déposant le ballon au-delà de la ligne de but adverse. Un essai est transformé si le buteur parvient par un coup de pied, à faire passer le ballon entre les poteaux et au-dessus de la barre. Ce sport tient son nom de l'école anglaise de Rugby, où il fut pratiqué pour la première fois en 1823. Pendant un match de football, l'élève William Webb Ellis ramassa le ballon et courut avec. Il venait d'inventer le rugby. En 1895, le passage au professionnalisme produisit une rupture entre les clubs anglais. Depuis cette date, il existe deux sortes de rugby : le rugby traditionnel («Rugby Union»), le plus répandu, avec quinze joueurs amateurs par équipe, et le rugby à XIII («Rugby League»), disputé par des professionnels. Les règles varient légèrement de l'un à l'autre mais le principe est identique.

LA COUPE WEBB ELLIS
Ce trophée, en hommage au fondateur du rugby, fut disputé pour la première fois en 1987. La France fut battue en finale par la Nouvelle-Zélande.

UNE TRADITION DE QUALITÉ
Le fabricant de ces ballons de matchs internationaux était déjà le fournisseur de l'école de Rugby, en 1823, lorsque le sport qui porte son nom y fut inventé.

Ballon de rugby moderne en cuir

LA MÊLÉE
La mêlée, constituée par les joueurs, évoque une araignée géante. Au centre de la mêlée, les talonneurs «ratissent» le ballon vers l'arrière pour que leurs équipiers puissent le récupérer.

LA PORTE DU CIEL *ci-dessous*
Les poteaux de but les plus hauts du monde mesurent 33,5 m. Aujourd'hui, la plupart des buteurs frappent le ballon avec l'intérieur du pied, à la manière des footballeurs.

Chaussure de rugby à tige haute

BIEN BOTTER *à gauche*
Les joueurs de rugby ont le choix entre des chaussures de football ou des chaussures à tige haute qui soutiennent la cheville. Le plus long coup de pied réussi fut enregistré en 1932, sur une distance de 82 m.

LE «HAKA» MAORI
L'équipe nationale de Nouvelle-Zélande a été surnommée «All-Blacks» à cause de sa tenue noire. La première équipe néo-zélandaise à faire une tournée internationale était principalement composée de joueurs d'origine maori, qui exécutaient avant chaque match une danse de guerre rituelle dite «haka». Aujourd'hui le «haka» fait partie du rituel des «All-Blacks».

LA REMISE DES «CAPS»
La remise des «caps» (casquettes d'écoliers) fut introduite à l'école de Rugby pour récompenser les membres de l'équipe de leurs efforts. Aujourd'hui, cette coutume s'est étendue à d'autres sports et des «caps» récompensent les joueurs sélectionnés en équipes nationales.

Une «cap» de Rugby de 1908

Ballon de 1851, presque rond

L'ÉVOLUTION DU BALLON *à gauche*
Les premiers ballons avaient une forme beaucoup plus arrondie qu'aujourd'hui. La forme du ballon moderne le rend bien plus facile à porter et à passer.

PORTER LE BALLON
L'un des moments les plus excitants d'un match : le joueur s'empare du ballon, traverse le terrain en courant, poursuivi par les joueurs adverses, et finit par marquer un essai.

Les ballons de rugby sont constitués de 4 pièces de cuir cousues selon le même principe que le ballon rond (p. 8)

LES MATÉRIAUX «EXOTIQUES» *à droite*
Au fil des années, les fabricants de ballons ont expérimenté divers matériaux, à côté du cuir traditionnel. La peau de porc, ou même de dromadaire, se travaillait facilement mais donnait des ballons trop glissants.

Ballon en peau de dromadaire

LE HOCKEY A UN AIR DE FAMILLE AVEC LE FOOTBALL

Le hockey oppose deux équipes de 11 joueurs — ou joueuses. En simplifiant, on pourrait le décrire comme une sorte de football joué avec une crosse et une balle de cricket à la place du ballon rond. Cependant, les contacts physiques sont interdits au hockey. Des fresques de l'Égypte ancienne et de la Grèce antique amènent à penser que des jeux comparables existaient dès le troisième siècle av. J.-C. Les Romains eux aussi pratiquaient un jeu appelé *paganica*, avec des bâtons recourbés et une balle recouverte de cuir. Le hockey moderne est dérivé du *hurling*, du *bandy* et du *shinty*, des jeux répandus dans différentes régions des îles Britanniques. Mais son nom vient probablement du mot *hoquet*, qui signifiait «bâton crochu» en ancien français.

UN JOUEUR VICTORIEN
Le hockey tel que nous le connaissons aujourd'hui est devenu un sport populaire à la fin du XIXe siècle.

Casque de gardien

LE GARDIEN DE BUT
Le gardien porte un équipement spécial (rembourrage au niveau du thorax et casque à écran facial) pour se protéger des balles lancées parfois à 160 km/h.

LE JEU MODERNE *à gauche*
Le hockey se pratique partout : à l'école, aux jeux Olympiques, en salle ou en plein air, sur des gazons naturels ou synthétiques.

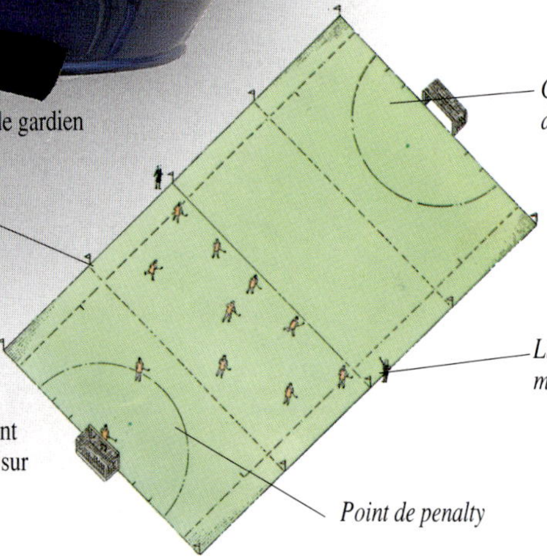

LE TERRAIN
On tire depuis l'intérieur du cercle d'attaque de l'adversaire. Les buts sont petits — 3,6 m de large sur 2,1 m de haut.

Crosse de plein air

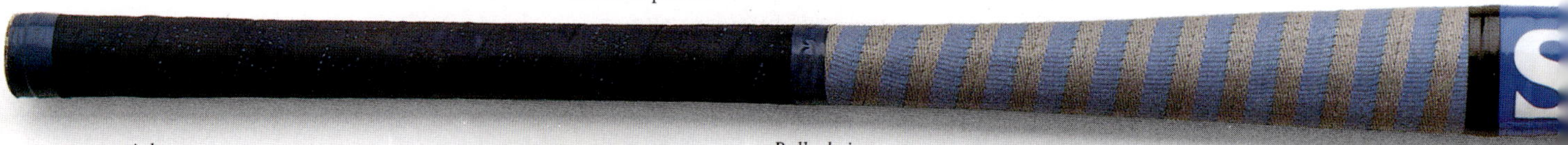

JEUX D'INDIENS *ci-dessous*
La toute première forme de jeu de la crosse, appelée «baggataway», faisait partie de l'entraînement guerrier des Indiens d'Amérique du Nord.

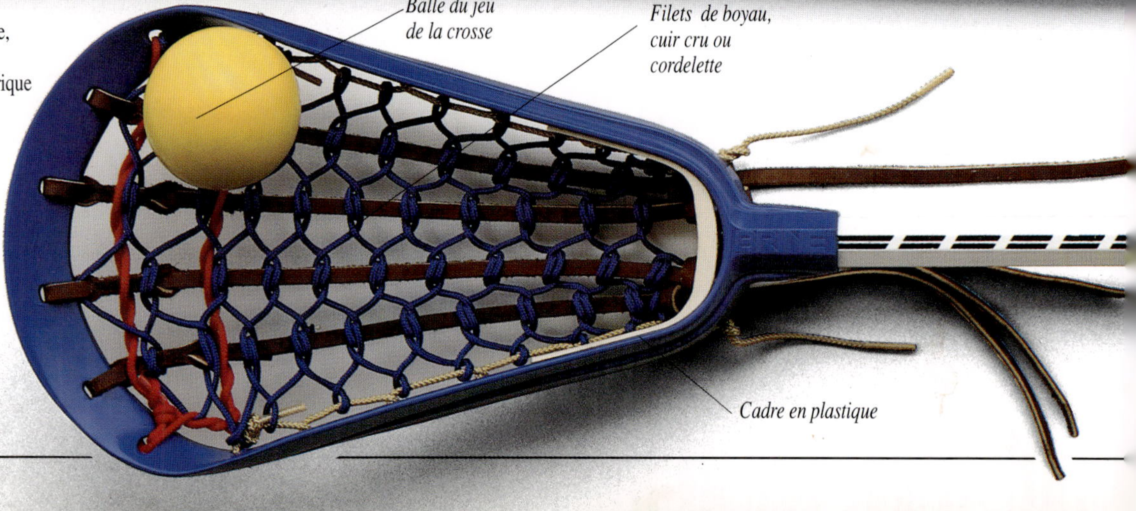

LES CHAUSSONS
Seul le gardien de but est autorisé à toucher la balle avec le pied. Par-dessus ses chaussures, il porte des «chaussons» dont il se sert pour bloquer la balle et la renvoyer hors des buts.

Les attaches se placent par-dessus des chaussures normales

Les embouts renforcés protègent les pieds de la balle très dure

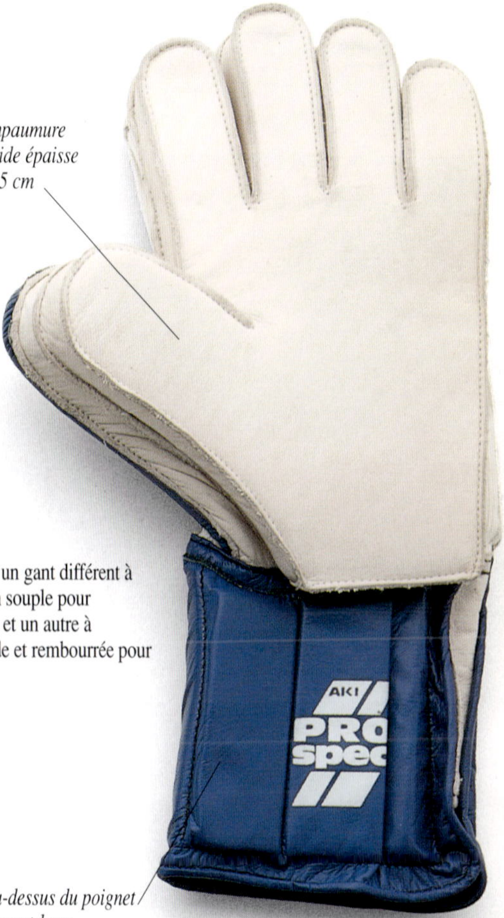

Empaumure rigide épaisse de 5 cm

LES GANTS
Le gardien porte un gant différent à chaque main : un souple pour ramasser la balle et un autre à empaumure rigide et rembourrée pour la stopper.

Rembourrage au-dessus du poignet pour protéger l'avant-bras

LES CHAUSSURES
Les chaussures des joueurs varient selon le type de terrain : sur gazon naturel, chaussures de football ; sur gazon synthétique, chaussures spéciales à crampons moulés multiples.

Plus de 60 crampons sont moulés sous chaque semelle

TÊTES DE CROSSES *ci-dessous*
Alors que le chant de la crosse est arrondi, sa face est plate pour frapper la balle. Aucune partie de la crosse ne doit dépasser 5 cm de large.

Crosse de jeu en salle

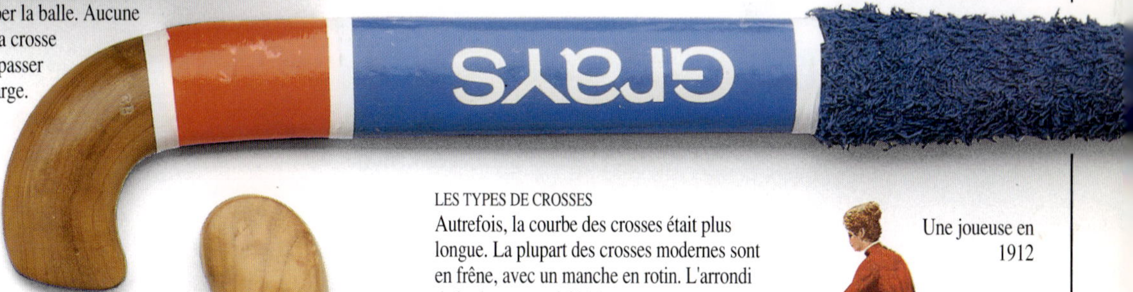

LA BALLE
De couleur blanche, la balle dure de hockey a la même taille qu'une balle de base-ball

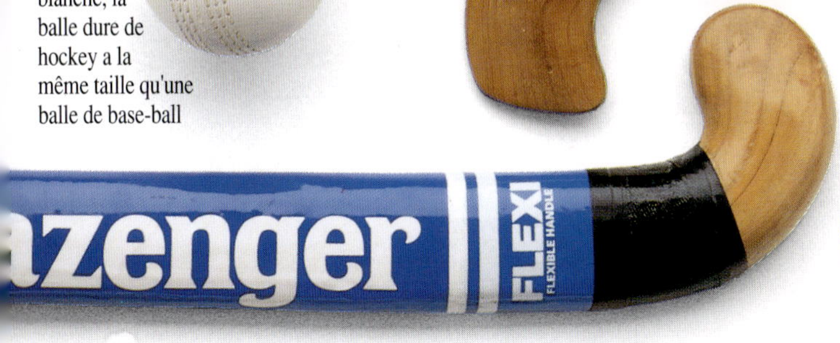

LES TYPES DE CROSSES
Autrefois, la courbe des crosses était plus longue. La plupart des crosses modernes sont en frêne, avec un manche en rotin. L'arrondi de la tête est modelé à la vapeur pour que les fibres du bois suivent la courbe et renforcent la crosse. Les crosses de jeu en salle sont plus fines et plus légères.

Une joueuse en 1912

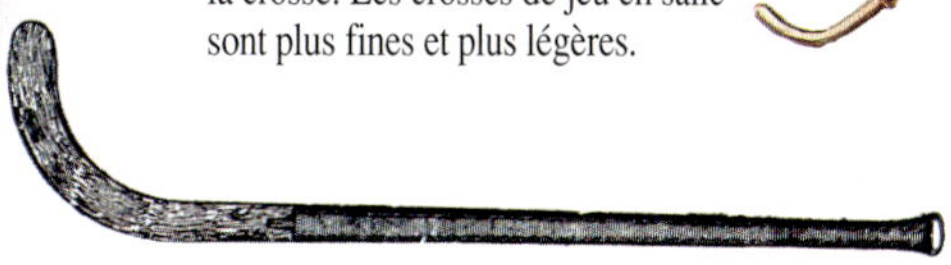

Crosse à l'ancienne

LE JEU DE LA CROSSE

Très proche du hockey, le jeu de la crosse – baptisé ainsi par les colons d'Amérique du Nord par analogie avec la crosse d'évêque – se pratique avec des crosses munies de filets pour lancer, attraper et porter la balle. Les règles ne sont pas les mêmes pour les hommes et les femmes.

Les crosses sont en général plus courtes pour les femmes que pour les hommes

CROSSE DU JEU DE LA CROSSE
La tradition veut que ces crosses soient en noyer blanc mais aujourd'hui, elles sont le plus souvent en plastique.

UNE CROSSE INDIENNE *à droite*
Les premiers joueurs avaient des crosses différentes, souvent ornées de plumes, selon leur tribu d'origine.

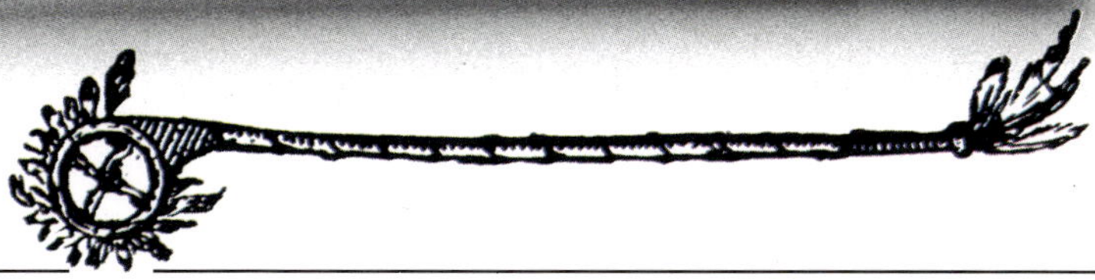

LE HOCKEY SUR GLACE MARQUE SA DIFFÉRENCE

À l'origine, le hockey sur glace était la version hivernale du simple hockey. On y jouait sur les lacs ou les cours d'eau gelés. Aujourd'hui, il y a des différences sensibles entre les deux sports : les équipes de hockey sur glace sont composées de six joueurs, les crosses sont plus longues qu'au hockey et une rondelle de caoutchouc très dure, le palet («puck»), remplace la balle. On joue sur des patinoires couvertes où la température de la glace est contrôlée et sa surface refaite entre chaque tiers-temps de 20 minutes.

Casque de hockey sur glace

Equipement complet d'un joueur moderne

UN SPORT DE VITESSE
Le hockey sur glace est le sport d'équipe le plus rapide du monde. Les joueurs portent des équipements spéciaux qui les protègent lors des nombreuses bousculades et lorsqu'ils se cognent contre les barrières bordant la patinoire.

Coudières

Epaulières et plastron

LA «CUIRASSE»
Pour compléter la tenue présentée ici, les joueurs portent des shorts rembourrés qui protègent les jambes en cas de chute. Faire tomber délibérément un adversaire est une faute punie par un séjour «en prison». La durée de ces «emprisonnements» varie, selon la gravité de la faute commise, de 2,5 à 10 minutes.

LES GANTS
Les joueurs de champ portent des gants en cuir ou en matière synthétique fortement rembourrés. Des embouts rigides protègent les doigts. Les gardiens de but portent un gant différent à chaque main : un gant d'attrape et un «bouclier».

LE PALET
Le «puck» est une rondelle de caoutchouc vulcanisé. On le conserve à basse température afin qu'il garde sa forme le plus longtemps possible.

LA PATINOIRE
L'aire de jeu est divisée en trois zones : de défense, neutre et d'attaque, délimitées par des lignes bleues. Le coup d'envoi du match ou «engagement» a lieu dans le rond central : deux joueurs, un de chaque équipe, s'affrontent pour prendre le palet mis en jeu par l'un des deux arbitres. Après une faute, la remise en jeu se fait par un engagement dans le cercle situé à proximité de l'endroit où la faute a été commise.

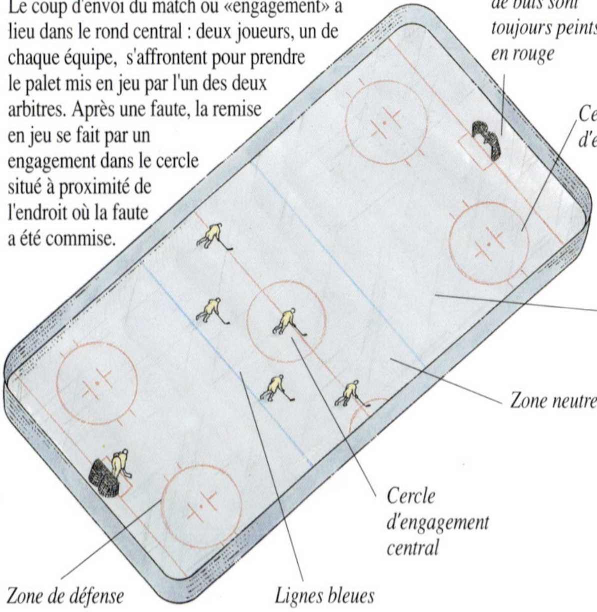

EN LIGNE DE MIRE
Les gardiens de but ont besoin de plus de protections que les joueurs de champ : ils doivent bloquer des tirs lancés à des vitesses allant jusqu'à 190 km/h.

Crosse de gardien de but

Crosse de joueur de champ

LA CROSSE DU GARDIEN DE BUT
La crosse du gardien de but est plus lourde que celle du joueur de champ. Son manche est plus court, et sa palette plus large.

LES CROSSES *à gauche*
Les crosses sont étonnamment longues — 135 cm de l'extrémité du manche au «talon». La palette incurvée mesure plus de 30 cm de long. Aujourd'hui, la plupart sont en bois laminé.

JAMBIÈRES *à droite*
Elles sont en plastique rigide doublé de mousse épaisse pour protéger genoux et tibias. On les porte sous de longues chaussettes sans pieds. A part les gants, les casques et les jambières de gardiens de but, tous les équipements de protection se portent sous la tenue.

Jambières

Anciens patins de vitesse anglais

Patins de hockey sur glace

Torvill et Dean, champions olympiques en 1984

LES PATINS
Le patinage a été longtemps un passe-temps hivernal très populaire. A l'origine, les patins étaient constitués de pièces en os ou en bois que l'on fixait aux chaussures. Les lames de métal sont apparues au XVIIe siècle. Celles des patins de hockey sur glace ont environ 0,42 cm de large. Elles sont plus courtes et plus épaisses que celles du patinage artistique ou de vitesse.

LA DANSE SUR GLACE *à gauche*
La grâce et la beauté du patinage artistique et de la danse sur glace contrastent étrangement avec la vitesse et la violence d'un match de hockey sur glace.

Un Harlem Globetrotter

LE «BASKET» ET LE «VOLLEY» PRENNENT DE LA HAUTEUR

C'est dans le Massachusetts, en 1891, que le professeur James Naismith inventa le « basket-ball », jeu qui consiste à marquer des points en lançant le ballon dans un «panier» situé au bout du terrain adverse. Le basket se joue en salle. Ce n'est pas un sport de contact. Les joueurs peuvent lancer et dribbler avec le ballon mais ne doivent ni le porter ni le taper du pied. Les paniers sont placés très haut, à 3,05 m du sol, et les joueurs sélectionnés sont donc souvent très grands. Le plus grand mesure... 2,45 m!

La circonférence d'un ballon de basket-ball est de 75 à 78 cm.

Anneau du panier

Un joueur effectuant un smash

TEMPS MORT
Deux fois par mi-temps, chaque équipe peut demander une pause d'une minute pour décider de sa tactique.

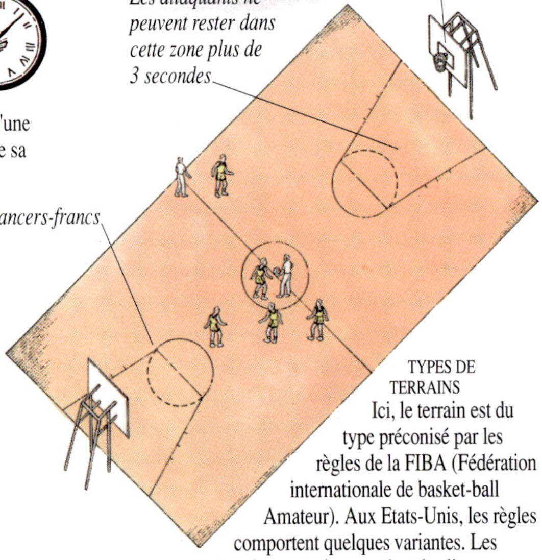

TYPES DE TERRAINS
Ici, le terrain est du type préconisé par les règles de la FIBA (Fédération internationale de basket-ball Amateur). Aux Etats-Unis, les règles comportent quelques variantes. Les terrains sont plus grands et les lignes différentes.

Les chaussures de basket-ball sont montantes et rembourrées pour bien maintenir les chevilles.

LE NET-BALL

C'est l'un des rares sports exclusivement réservés aux femmes. Il ressemble au basket-ball mais se joue sur un terrain plus grand, avec des équipes de sept joueuses. Les paniers sont fixés à des poteaux et non sur des panneaux. Comme le basket-ball, le net-ball est né aux Etats-Unis à la fin du siècle dernier.

PIVOTER AVEC LE BALLON
Les joueuses n'ont pas le droit de se déplacer avec le ballon. Quand elles le tiennent, elles peuvent se tourner dans toutes les directions, à condition de ne bouger qu'un pied.

Le ballon de net-ball

LES ZONES DE JEU
Chaque joueuse ne peut se déplacer que dans certaines zones du court. Son dossard indique sa position dans l'équipe, ce qui permet à l'arbitre de repérer une incursion en zone interdite.

LE VOLLEY-BALL

Des équipes de six joueurs doivent faire passer le ballon par-dessus un filet avec les mains et les bras ou toute autre partie supérieure du corps. Chaque équipe ne peut faire plus de deux passes avant d'envoyer le ballon de l'autre côté du filet.

AU FILET *à gauche*
La hauteur du filet oblige les attaquants à sauter très haut. Ils n'ont pas le droit de toucher le filet ni de se pencher par-dessus dans la zone de l'équipe adverse.

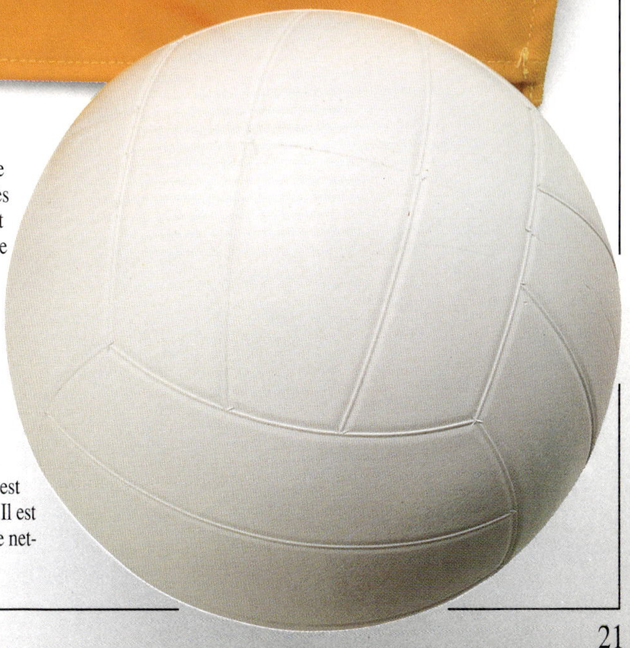

LE BALLON *à droite*
Le ballon de volley-ball est léger et de couleur unie. Il est plus petit qu'un ballon de net-ball ou de basket-ball.

LE BASE-BALL BAT LES RECORDS DE DISTANCE

Sport national officiel aux États-Unis, le base-ball ressemble beaucoup à d'anciens jeux de batte, comme le jeu de «rounders» introduit par les colons anglais au XVIIIe siècle. Deux équipes de neuf joueurs s'affrontent durant neuf manches («innings») : les attaquants, en possession de la batte, et les défenseurs. À tour de rôle, chaque équipe joue en attaque ou en défense. La victoire va à celle qui totalise le plus grand nombre de courses («runs») d'un angle («base») à l'autre, sur le pourtour du terrain carré («diamond»). Les batteurs doivent frapper la balle et courir pour accumuler les «runs», tandis que l'équipe adverse s'efforce de leur infliger des «out» ; en interceptant par exemple la balle et en touchant avec elle le batteur qui court entre deux bases. Les vedettes du base-ball sont ceux qui frappent la balle le plus loin. Record de distance : plus de 188 m!

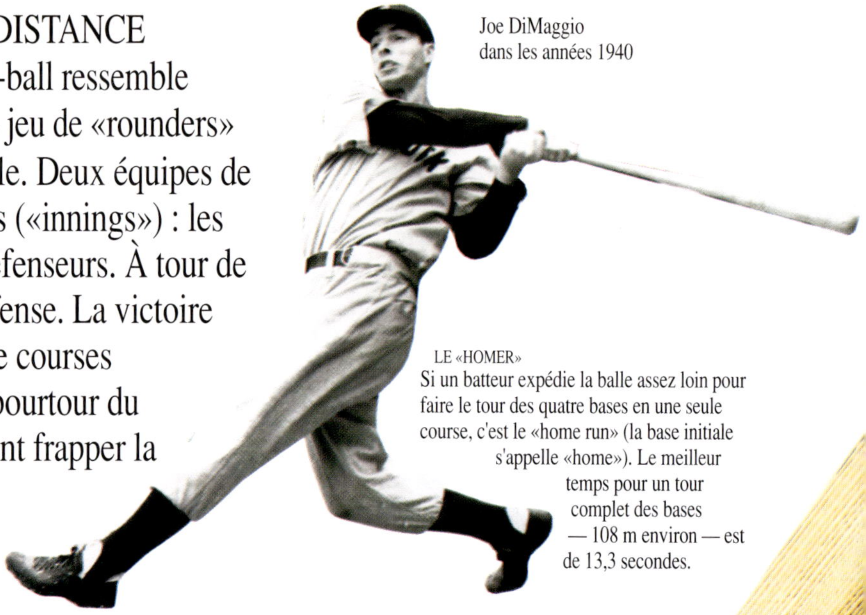

Joe DiMaggio dans les années 1940

LE «HOMER»
Si un batteur expédie la balle assez loin pour faire le tour des quatre bases en une seule course, c'est le «home run» (la base initiale s'appelle «home»). Le meilleur temps pour un tour complet des bases — 108 m environ — est de 13,3 secondes.

SÉCURITÉ D'ABORD
Nombre de joueurs ont été gravement blessés et certains tués par des balles lancées jusqu'à 145 km/h, d'où l'importance du casque en plastique rigide.

Casque de batteur

Batte en bois

Batte en aluminium

Le gaucher, «Babe» Ruth dans les années 1920

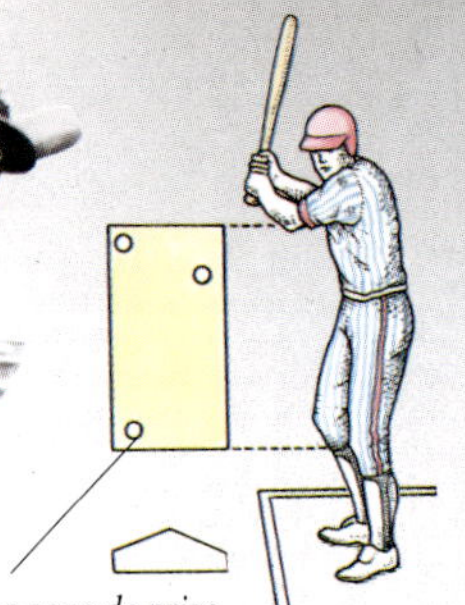

LA ZONE DE PRISE
C'est la zone située immédiatement au-dessus de la base de départ («home») entre les aisselles et les genoux du batteur. Toute balle passant dans cette zone est un essai («strike»).

LES BATTES
Seules les battes en bois sont autorisées dans le base-ball professionnel de la «Major League». Les battes en aluminium sont pourtant plus résistantes et renvoient la balle plus loin. Le fût de la batte doit être parfaitement arrondi.

LES GANTS
Pour éviter les ampoules, les batteurs portent des gants de cuir très fin.

LES MAILLOTS

Aucun dessin ou symbole ressemblant à une balle de base-ball ne doit figurer sur le maillot. Le verre brillant ou le métal poli, susceptibles de réfléchir la lumière du soleil dans les yeux d'un joueur, sont également interdits. Le numéro au dos du maillot doit mesurer au moins 15 cm de haut. Sous leur maillot, certains joueurs en portent un autre à manches longues.

Balle de base-ball

LA BALLE

La balle, dont le poids varie de 142 à 156 g, a une structure très complexe. Les meilleures balles sont recouvertes de cuir de vache ou de cheval traité à l'alun et piquées à la main.

Prise pour lancer «incurvé»

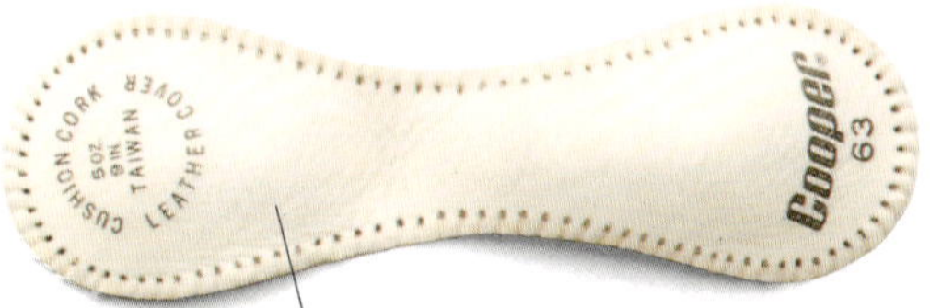

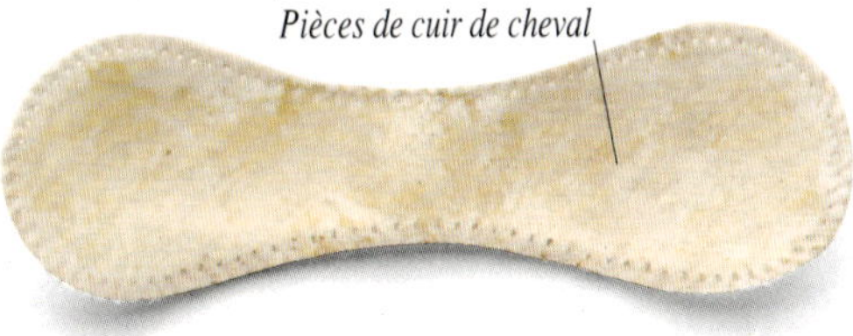

Pièces de cuir de cheval

Fil rouge pour couture extérieure

LE LANCER

Le lanceur doit maîtriser l'art de lancer les balles lentes ou rapides en leur imprimant une trajectoire concave ou convexe. C'est la façon dont la balle est prise en mains qui détermine le type de lancer.

Brins de laine

Noyau de liège

Fils de laine

Gaine intérieure caoutchoutée

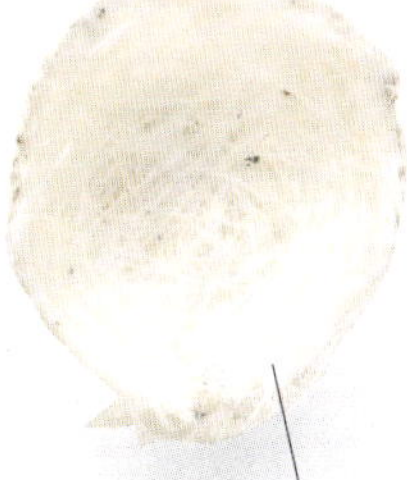

Couverture extérieure en fil de coton

Un lanceur de base-ball

UN SPORT INTERNATIONAL
D'abord américain, le base-ball a aussi d'enthousiastes amateurs dans d'autres pays, le Japon et l'Argentine notamment. L'Association internationale de base-ball est responsable de sa coordination mondiale.

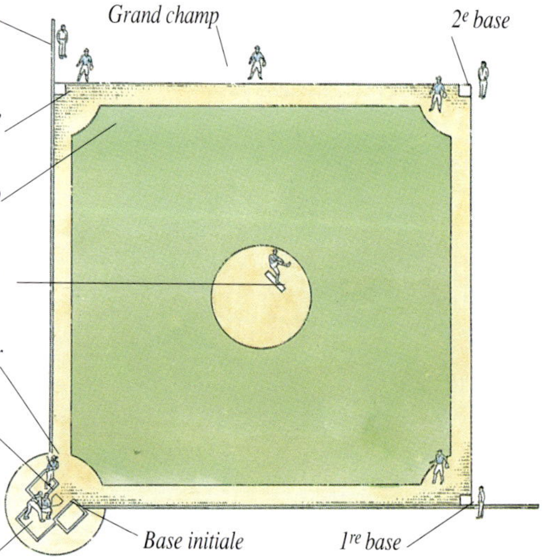

LE «DIAMOND»
Le «diamond» est bordé par les quatre «bases» qui clôturent le champ. Le territoire au-delà de cette zone est divisé en grand champ et champ nul – là où il ne faut pas envoyer la balle. La base de départ et le «mont» (aire de lancer) sont matérialisés par des plaques de latex blanc, les autres par des sacs de jute remplis de sciure.

Pantalon de base-ball

LE PANTALON
Le pantalon traditionnel du joueur de base-ball s'arrête sous le genou. Les sous-pieds amovibles se mettent par-dessus les chaussettes.

Sous-pied

Plaques en métal

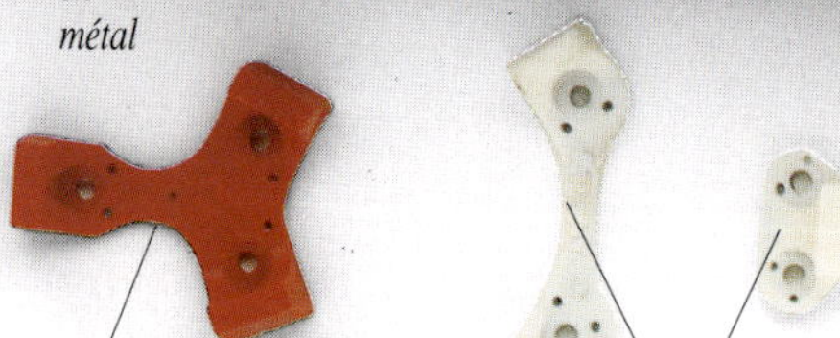

Plaque en plastique pour talon

Plaque en plastique pour le bout du pied

LES CHAUSSURES
Le type de terrain, gazon naturel ou synthétique, détermine le choix des chaussures. Sur gazon naturel, des plaques sont vissées aux talons et au bout des semelles. Les pointes sont interdites.

LE «PLONGEON»
Un batteur est «out» si un joueur du champ tenant la balle touche la première base avant lui. Aux autres coins du «diamond», les batteurs en course plongent la tête la première vers la base pour gagner du temps.

UN ARBITRE EN ACTION
Il peut y avoir jusqu'à quatre arbitres par match. Celui de la plaque se tient juste derrière le batteur et l'attrapeur, d'où il juge la justesse des lancers et des coups de batte.

À TRAVERS LES BARREAUX
Plus que les autres joueurs, l'attrapeur et l'arbitre ont besoin d'une sérieuse protection : à tout moment ils risquent d'être frappés en pleine figure par la balle ou la batte. L'écran facial est constitué d'une armature métallique gainée de nylon résistant.

Masque d'attrapeur

Garniture mousse recouverte de plastique

Les doigts sont attachés pour mieux recevoir la balle

Coutures de cuir

Gant d'attrapeur

Batte de softball

LE SOFTBALL *ci-dessous*
Ce jeu est très populaire aux Etats-Unis. Il s'agit à l'origine d'une variante du base-ball, jouée en salle. Principales différences : il est pratiqué aussi bien par les hommes que par les femmes; la balle, plus grosse, est lancée par en dessous, et le terrain est plus petit.

Balle de softball

Manche en bois peint

Balle de «rounders»

LE JOUEUR DE CHAMP
Il porte des gants de cuir très larges pour mieux attraper la balle avec la main qui ne lance pas. L'attrapeur a un gant un peu différent, mieux rembourré.

LE «ROUNDERS»
Jeu anglais très répandu dans les écoles, il suit les mêmes principes que le base-ball et le softball, mais la batte est plus petite et se tient avec une seule main, le terrain est moins grand, et les bases sont indiquées par des poteaux verticaux.

Bande adhésive

Ancien jeu de batte

La longueur de la batte ne peut dépasser 46 cm

Batte de «rounders»

Un joueur de cricket

LE CRICKET EXIGE ADRESSE ET VITESSE

Le cricket ressemble un peu au base-ball (p. 22) : deux équipes évoluent à tour de rôle à la batte et au champ, mais deux joueurs sont à la batte en même temps pour défendre le «guichet» et marquer des points en courant entre les deux guichets situés aux extrémités de l'étroite piste. On compte quatre points lorsque la balle est renvoyée au-delà de la limite du terrain, et six lorsqu'elle le fait sans toucher le sol. Des jeux de batte comparables existaient sans doute dès le XIIIe siècle.

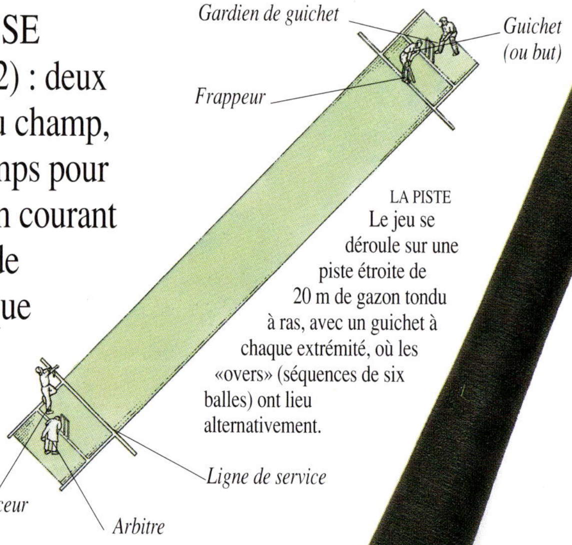

LA PISTE
Le jeu se déroule sur une piste étroite de 20 m de gazon tondu à ras, avec un guichet à chaque extrémité, où les «overs» (séquences de six balles) ont lieu alternativement.

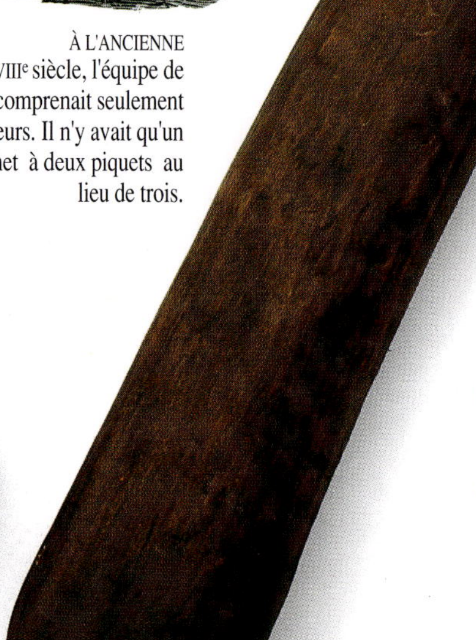

Reproduction d'une batte du XVIIIe siècle

Pointes à visser

CHAUSSURES
Beaucoup de joueurs portent des chaussures montantes, munies de pointes métalliques vissées. La tradition veut que le costume et les chaussures du joueur de cricket soient de couleur blanche ou très claire.

À L'ANCIENNE
Au XVIIIe siècle, l'équipe de cricket comprenait seulement cinq joueurs. Il n'y avait qu'un seul guichet à deux piquets au lieu de trois.

Gants du gardien de guichet

Relief en caoutchouc

LE LANCER
La balle de cricket est lancée par-dessus l'épaule de façon à la faire rebondir une fois avant d'atteindre le batteur. Les lanceurs de balles lentes savent les faire tourner dans la direction du batteur ou loin de lui. Les lanceurs de balles rapides les font rebondir sur la couture piquée en relief afin d'obtenir le même effet.

LA BALLE
La balle de cricket ressemble à celle du base-ball (p.23), mais elle est en cuir rouge et piquée de coutures en relief.

Bâtonnets

Piquets

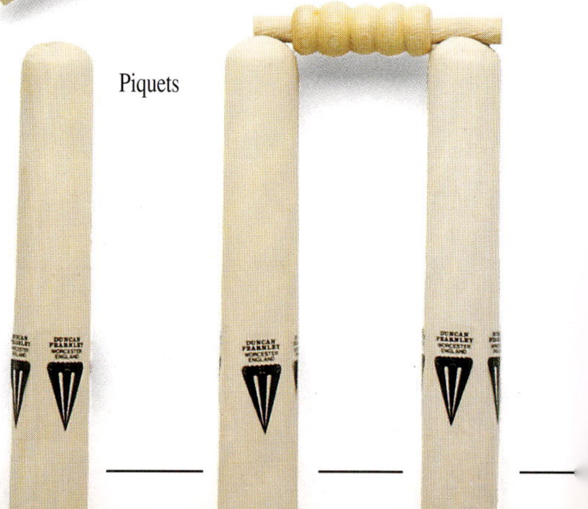

LE GARDIEN DE GUICHET
Le rôle du gardien est assez proche de celui de l'attrapeur au base-ball (p.22). Comme lui, son poste près du batteur l'oblige à porter des jambières. Ses gants rembourrés ont une empaumure au relief rugueux qui donne une meilleure prise.

LA BATTE
Le nom de «cricket» vient peut-être de l'ancien anglais *cric*, désignant le bâton de berger auquel ressemblaient les premières battes. Au XVIIIe siècle, elles étaient longues, lourdes et incurvées. La batte moderne droite n'est apparue qu'après l'introduction du lancer par-dessus l'épaule.

LES GUICHETS («WICKETS»)
Les fréquents litiges à propos du passage des balles à travers le guichet ont nécessité la mise en place d'un troisième piquet au milieu. Les guichets actuels, en frêne, mesurent 71 cm de haut.

Le club de cricket de Lord's est connu pour sa célèbre girouette représentant le Temps symbolisé par un vieillard.

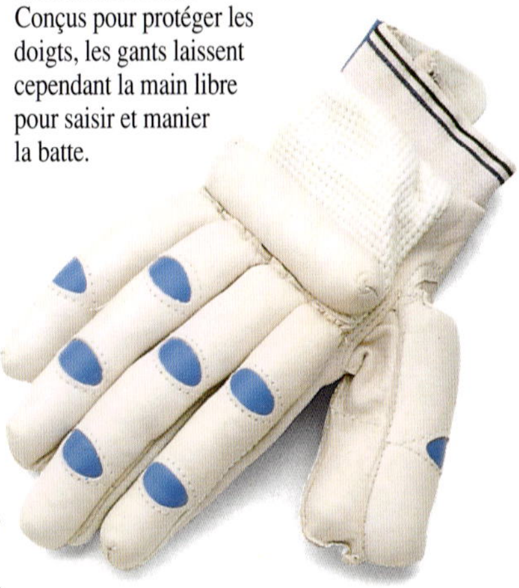

GANTS DE BATTEUR
Conçus pour protéger les doigts, les gants laissent cependant la main libre pour saisir et manier la batte.

LE «HAT-TRICK» *à droite*
Les premiers joueurs portaient des hauts-de-forme, ainsi que les lanceurs qui mettaient hors jeu trois batteurs à la suite – d'où le terme «hat-trick».

Casque de cricket moderne

Protège-oreille en plastique

LE TEMPLE DU CRICKET
Le terrain de cricket de Lord's, considéré comme le «temple du cricket» a été créé en 1787 par Thomas Lord. C'est là que se trouve le M.C.C. (Marylebone Cricket Club), qui a établi les règles du jeu. Des matchs internationaux dits «test matchs» sont souvent disputés à Lord's durant plusieurs jours consécutifs. La batte ci-contre porte les signatures de joueurs ayant participé à un «test match» à Lord's.

LES COULEURS
Lors des matchs de nuit sous les projecteurs, chaque équipe porte un costume de couleur différente. La balle, en revanche, est blanche et donc plus visible.

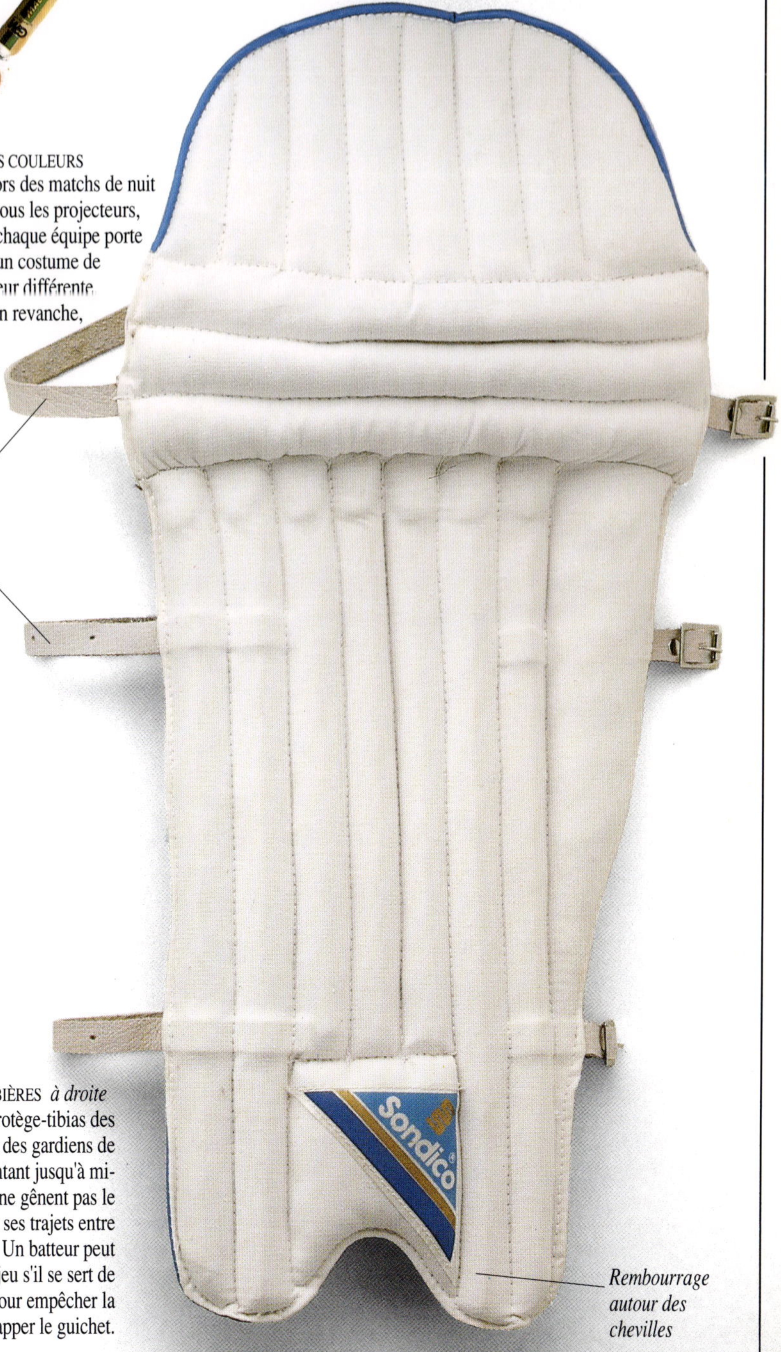

Sangles de fixation

BATTE EN MÉTAL
La vogue de la batte en aluminium des années 1970 a été de courte durée. Elles ne pouvaient remplacer la batte traditionnelle en bois.

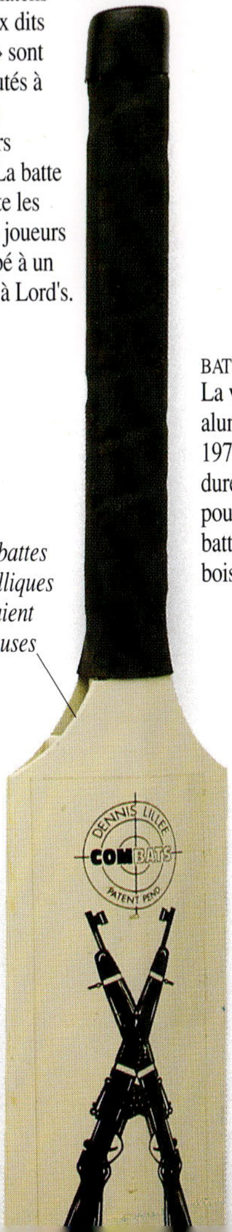

Les battes métalliques étaient creuses

BATTE MODERNE
Aujourd'hui, les battes en saule ont un manche de rotin habituellement recouvert d'un manchon en latex. Deux fois moins lourde que la batte ancienne de la page précédente, la batte moderne pèse environ 1,05 kg.

JAMBIÈRES *à droite*
Ce sont les protège-tibias des batteurs et des gardiens de guichet. Montant jusqu'à mi-cuisse, elles ne gênent pas le batteur pendant ses trajets entre les guichets. Un batteur peut être mis hors jeu s'il se sert de ses jambes pour empêcher la balle de frapper le guichet.

Rembourrage autour des chevilles

LA FABRICATION D'UNE BATTE

Avec l'introduction du lancer rapide par-dessus l'épaule, au début du XIXe siècle, des battes plus légères et plus maniables sont devenues indispensables. La batte moderne date de cette époque et depuis, malgré quelques améliorations de forme, son style n'a guère changé. La lame, qui amortit l'impact de la balle, est en bois de saule tandis que le manche, élastique – en rotin et en caoutchouc –, protège les mains des secousses de la frappe.

L'ARBRE
Des 36 variétés anglaises de saule, seules deux –*Salix coerulea* et *S. virida* – conviennent à la fabrication des battes de cricket haut de gamme. Ce sont des bois très légers, au grain très droit.

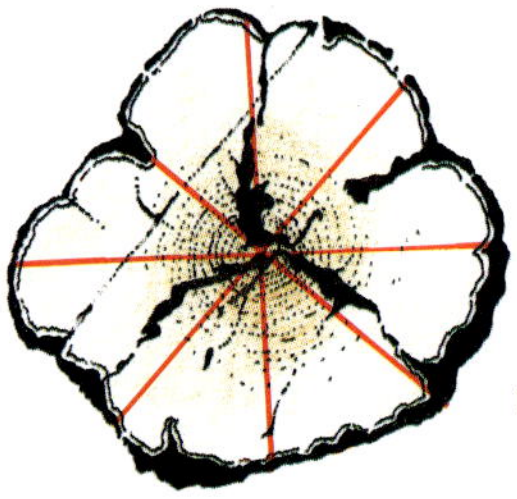

LA COUPE DU BOIS
Chaque section du tronc, selon sa taille et sa qualité, sert à la fabrication de 6 à 8 battes.

W. G. GRACE
Le plus célèbre des batteurs est sans doute le Dr William Gilbert («W.G.») Grace qui a marqué l'histoire du sport pendant toute la deuxième moitié du XIXe siècle. Au cours de sa carrière, il a totalisé plus de 54 000 «runs».

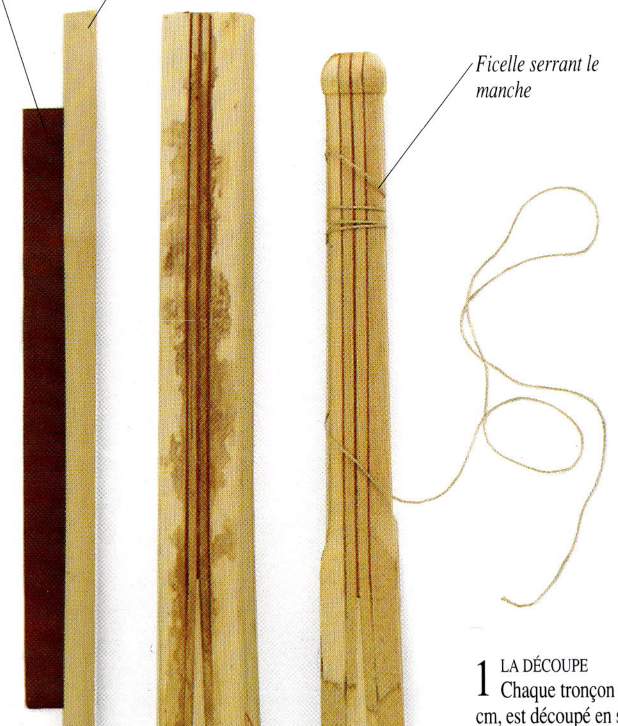

LE MANCHE
Le manche est en lattes de rotin *sarawak*, assemblées «en sandwich» avec des lamelles de caoutchouc. Le tout est fixé avec une colle animale très forte pour constituer un bloc compact.

1 LA DÉCOUPE
Chaque tronçon de saule, long de 70 cm, est découpé en sections ou «fentes», dont on enlève l'écorce. On utilise la couche externe, plus jeune (l'aubier), qui se prête mieux à la fabrication des battes. Sa couleur est plus claire que celle du cœur, plus vieux.

2 LE SÉCHAGE
Une fois découpées à la scie en forme de lames, les fentes sont empilées pour une période de séchage de 2 à 4 semaines. Elles sont ensuite étuvées pendant 4 à 6 semaines.

UN ARTISANAT DE TRADITION

La fabrication artisanale des battes de cricket n'a pas beaucoup changé au fil des années. Dans leur grande majorité, les battes sont encore formées et finies à la main, et un bon fabricant peut juger de la qualité d'un bois brut. La batte achevée est testée en tapant la lame avec un maillet en bois : un bon artisan peut apprécier la qualité au son produit.

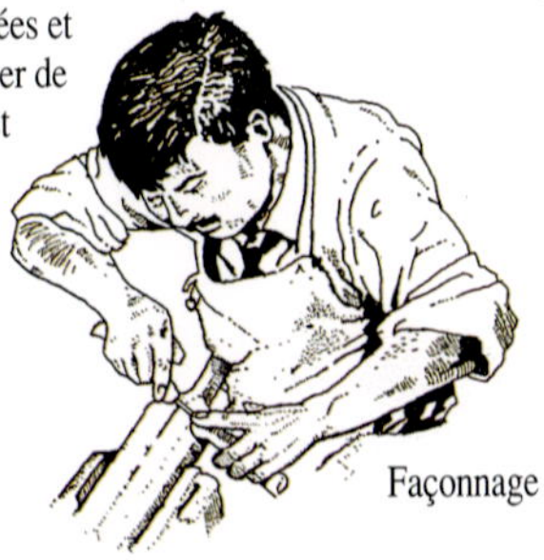

Façonnage des épaules de la batte

Un manchon de latex est enfilé sur le manche

L'ENTRETIEN DE LA BATTE

Sur la lame en saule d'une batte neuve, on passe une légère couche d'huile de lin avec un chiffon doux. Le devant, les bords et le talon de la batte doivent être régulièrement huilés pour protéger le bois. Il faut tenir la batte à l'abri de l'humidité pour éviter qu'elle se fendille.

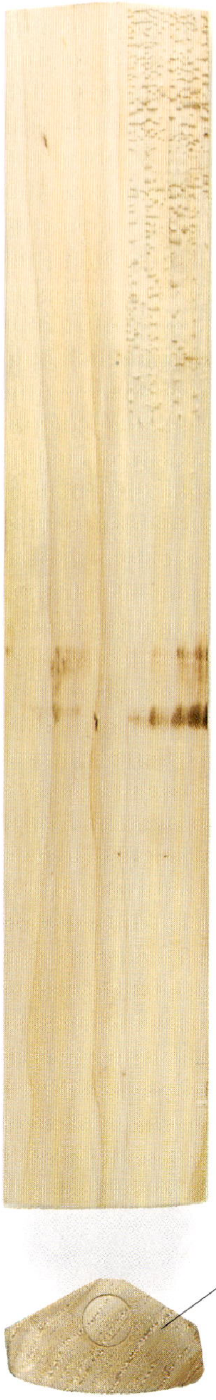

Fibres de bois comprimées

Épaules de la batte façonnées

Formation du talon de la batte

Certains batteurs demandent que l'on fasse des rainures dans le dos de la lame, ce qui modifie la maniabilité de la batte.

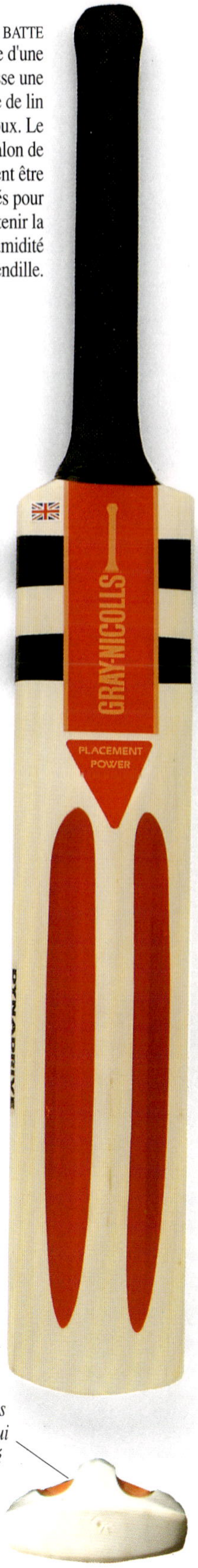

3 MISE EN FORME ET PRESSAGE

La lame séchée est formée puis mise sous une presse spéciale dont la pression est de 2 tonnes environ. La batte durcit et les éventuelles faiblesses du bois apparaissent.

4 L'ENTURE

La batte est ensuite rabotée et polie à la main, puis le haut est fendu en V. C'est l'«enture», l'endroit où le manche sera inséré.

5 L'EMMANCHURE

Le manche est façonné au tour pour «coller» à l'enture, puis fixé à l'aide d'une colle animale forte. Le manche est entouré de ficelle.

6 LA FINITION

Une fois terminée, la batte est poncée et polie. Si le bois n'est pas de couleur unie, il peut être blanchi ou recouvert de toile de lin avant de recevoir la marque du fabricant.

LE TENNIS SE JOUE DES REBONDS

Le tennis se joue à deux ou à quatre sur un court divisé en deux par un filet bas. Les joueurs marquent des points en tapant dans la balle avec une raquette de façon à la faire rebondir de l'autre côté du filet sans que l'adversaire puisse la rattraper. Le jeu de paume, très prisé des aristocrates européens du XVIe siècle, est né en France au Moyen Âge. C'est lui qui est à l'origine du tennis sur gazon, inventé au XIXe siècle et devenu très vite populaire auprès des deux sexes. Aujourd'hui, on joue au tennis sur des surfaces de terre battue, de ciment, de parquet et de matière synthétique (le «quick»), aussi bien que sur gazon.

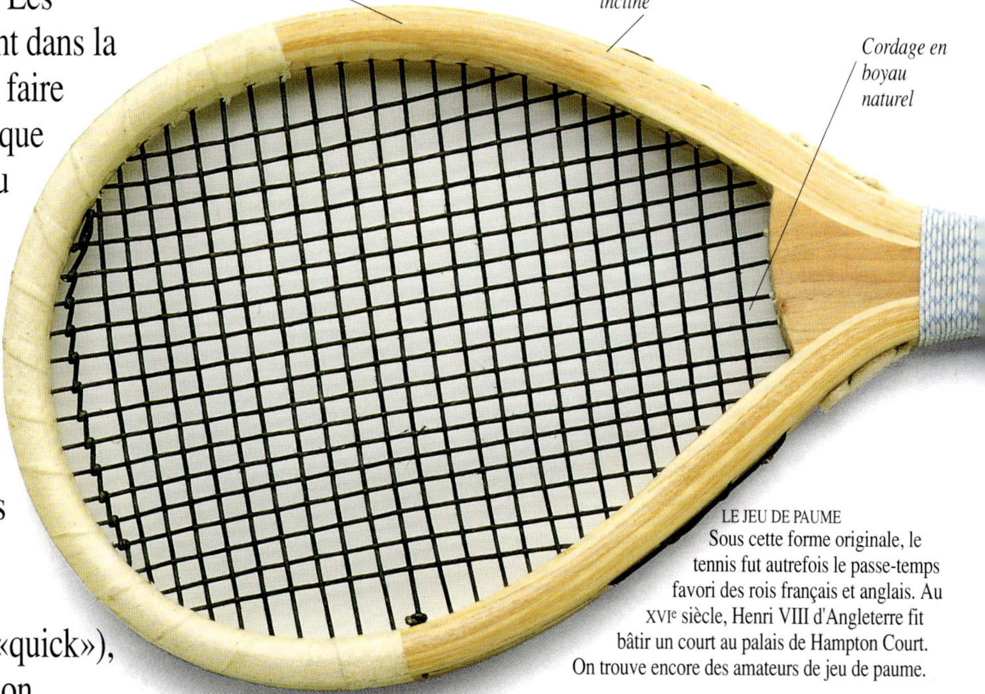

LE JEU DE PAUME
Sous cette forme originale, le tennis fut autrefois le passe-temps favori des rois français et anglais. Au XVIe siècle, Henri VIII d'Angleterre fit bâtir un court au palais de Hampton Court. On trouve encore des amateurs de jeu de paume.

Tableau d'affichage ancien

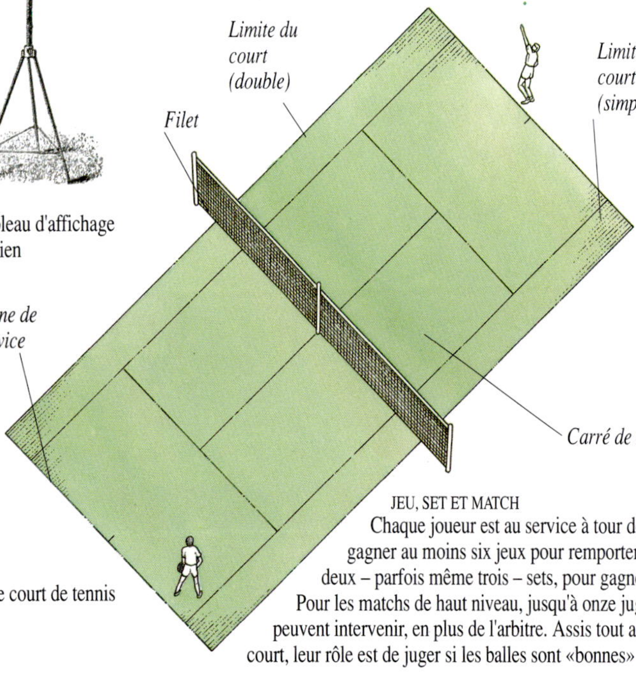

Le court de tennis

JEU, SET ET MATCH
Chaque joueur est au service à tour de rôle. Il faut gagner au moins six jeux pour remporter un set, et deux – parfois même trois – sets, pour gagner un match. Pour les matchs de haut niveau, jusqu'à onze juges de ligne peuvent intervenir, en plus de l'arbitre. Assis tout autour du court, leur rôle est de juger si les balles sont «bonnes» ou «fautes».

Raquette de tennis

LE «STICKY»
L'engouement pour le tennis remonte aux années 1870. A cette époque, le jeu s'appelait *sphairistike* – mot grec signifiant «jeu de balle». Ce nom fut vite abrégé en «sticky».

Hevea brasiliensis, arbre à caoutchouc

LA BALLE DE TENNIS

Pour passer de la paume, jouée sur courts couverts, au tennis sur gazon, pratiqué dans les jardins de la bonne société, il fallait commencer par inventer une balle qui rebondît sur l'herbe !

PREMIÈRES BALLES
Les balles de jeu de paume étaient en sciure de bois, en sable ou en laine et recouvertes de peau de mouton. Elles ne rebondissaient pas sur l'herbe.

LE LATEX
Le latex (caoutchouc) provient des troncs de certains arbres. C'est au XIXe siècle que les premiers arbres à caoutchouc furent exploités en Europe.

LE COURT FERMÉ
Les salles de jeu de paume sont ceinturées sur trois côtés par des galeries dont les toits font saillie. On marque des points en fonction du passage de la balle dans et à travers les galeries. La forme curieuse du court du jeu de paume rappelle les cloîtres des monastères où le jeu fut pratiqué à ses débuts.

LA CHAISE D'ARBITRE
L'arbitre de tennis est assis sur une chaise haute près du filet, de façon à avoir une parfaite vue d'ensemble du match. Il annonce le score à chaque point du jeu.

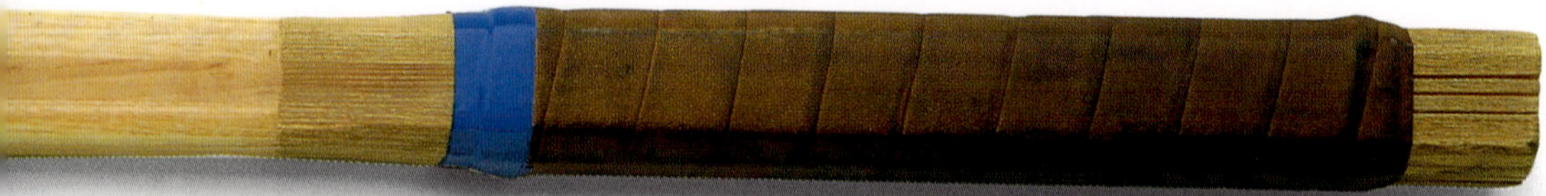

Raquette de jeu de paume

WIMBLEDON
Le tournoi le plus ancien et le plus prestigieux se déroule à Wimbledon, près de Londres, au All England Tennis and Croquet Club. Le premier de ces tournois eut lieu en 1877.

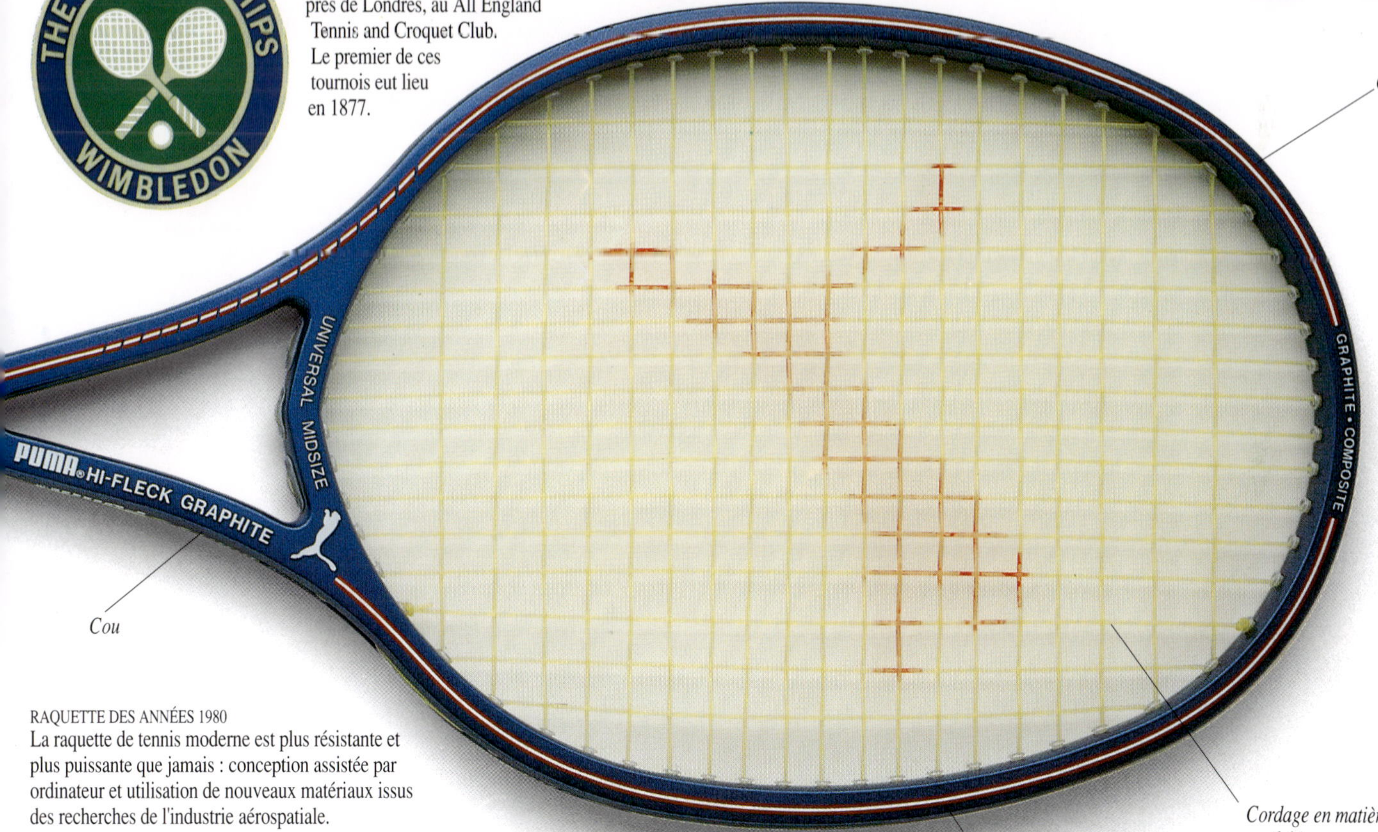

RAQUETTE DES ANNÉES 1980
La raquette de tennis moderne est plus résistante et plus puissante que jamais : conception assistée par ordinateur et utilisation de nouveaux matériaux issus des recherches de l'industrie aérospatiale.

STRUCTURE DE LA BALLE
En vulcanisant le caoutchouc (par adjonction de soufre à des températures élevées), on rend la balle plus dure et plus rebondissante. Les deux moitiés creuses de la balle sont soudées.

L'ENVELOPPE
La balle en caoutchouc était glissante par temps humide. Aussi a-t-on inventé la gaine de feutre. Les balles modernes sont recouvertes de fibres de laine et de matières synthétiques mélangées.

BALLES NEUVES
Pendant le jeu et selon la température, la pression interne de la balle subit des variations. C'est pourquoi, pendant les matchs importants, elles sont tenues au frais (20 °C) et sont renouvelées tous les neuf jeux.

LES RAQUETTES DE TENNIS

Le tennis vient du jeu de paume français où deux joueurs se renvoyaient une balle avec la paume de la main. Très vite, dès le début du XVe siècle, on invente les raquettes à cordage. Les raquettes modernes sont le fruit d'expérimentations plus ou moins réussies au fil des années. Différents styles et matériaux ont été utilisés depuis cent ans, ainsi que différentes sortes de cordage – même des cordes métalliques. La réglementation de la Fédération internationale de tennis relative aux formes et aux dimensions des raquettes est très récente : la longueur d'une raquette ne doit pas dépasser 81,28 cm, et sa largeur 31,75 cm. Seul le cordage simple est autorisé.

Une joueuse en 1890

PREMIÈRE RAQUETTE EN MÉTAL *à droite*
Dans les années 1920, on a essayé des raquettes à cadre en aluminium. Les cordes de piano présentaient l'inconvénient d'user très vite les balles recouvertes de feutre.

LES ANNÉES 1900 *ci-dessous*
La forme symétrique existait au début de notre siècle. Détail très à la mode : le manche en «queue de poisson», souvent rainuré pour donner une meilleure prise.

LES ANNÉES 1920 *ci-dessus*
On adopta à cette époque des poignées en cuir qui amélioraient la prise. Les cadres restent en frêne massif mais les manches s'affinent et les bords s'arrondissent pour fendre l'air plus aisément.

LES ANNEES 1880 *ci-dessous*
Les premières raquettes de tennis ressemblaient beaucoup à celles du jeu de paume avec leur tête recourbée en forme de poire. Leur poids était très proche de celui des raquettes modernes mais les cordages en boyau naturel étaient moins fins et plus lâches.

LES ANNÉES 1930 *ci-dessous*
Conçu pour améliorer la pénétration dans l'air, le manche de la raquette «Hazell's Streamline» est de forme inhabituelle. Le bois laminé de la tête est non plus en bois massif mais en bois laminé en couches fines d'essences différentes, ce qui rend la raquette plus légère, plus solide et moins chère.

Coup droit

Volée de revers

Service

LES COUPS DE BASE
Pour contrôler au mieux ses coups, le joueur doit donner à sa raquette la direction et la hauteur qu'il souhaite imprimer à la balle. A chaque coup correspond un geste précis. Pour le coup droit, la balle est frappée à toute vitesse, alors que la volée demande une technique de coup de poing. Le service est frappé de haut en bas, et un lob de bas en haut.

Lob

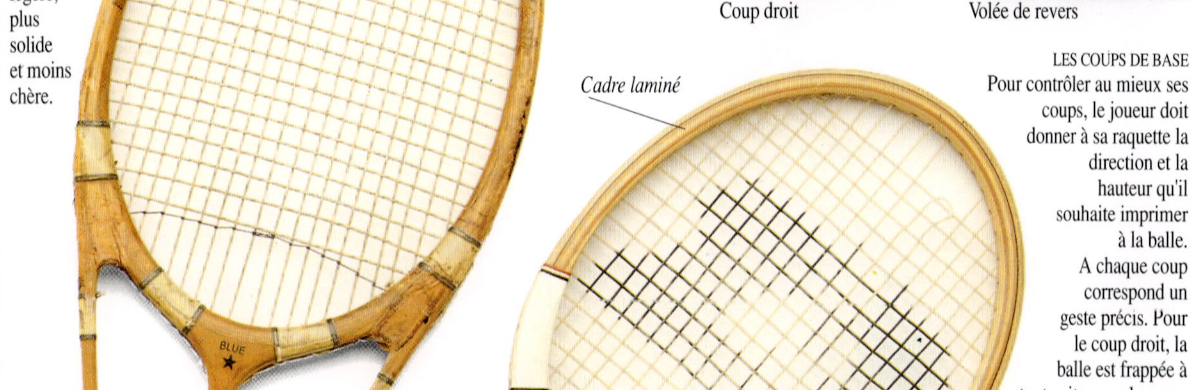
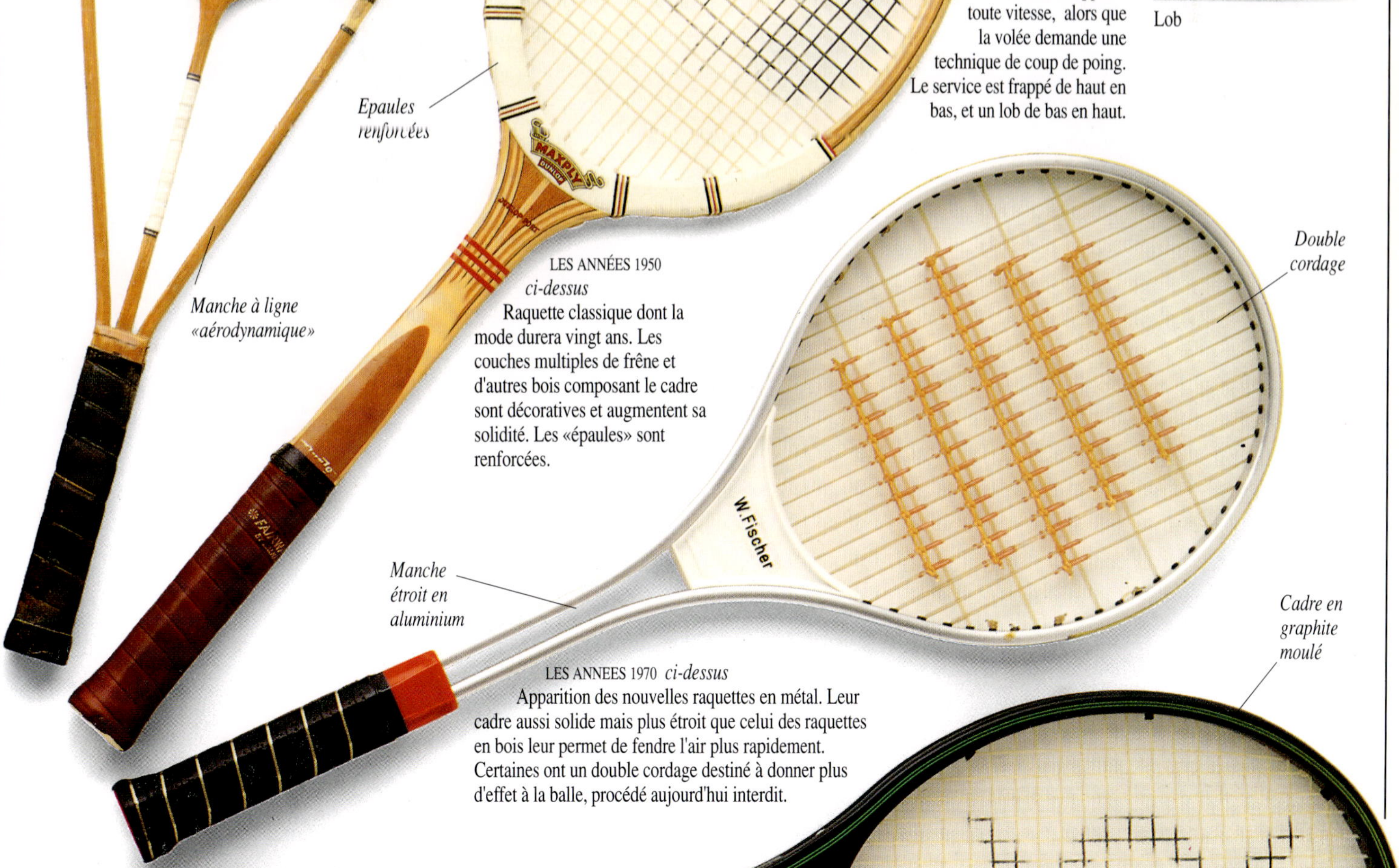

LES ANNÉES 1950 *ci-dessus*
Raquette classique dont la mode durera vingt ans. Les couches multiples de frêne et d'autres bois composant le cadre sont décoratives et augmentent sa solidité. Les «épaules» sont renforcées.

LES ANNEES 1970 *ci-dessus*
Apparition des nouvelles raquettes en métal. Leur cadre aussi solide mais plus étroit que celui des raquettes en bois leur permet de fendre l'air plus rapidement. Certaines ont un double cordage destiné à donner plus d'effet à la balle, procédé aujourd'hui interdit.

LES ANNEES 1980 *ci-dessus*
Les joueurs de haut niveau n'utilisent plus de raquettes en bois ou en métal. Des alliages moulés constituent le cadre des raquettes modernes : graphite de carbone, fibre de verre, bore et céramique.

LE TENNIS DE TABLE ET LE BADMINTON ONT LE MÊME ÂGE

Le badminton se joue avec un volant à plumes sur un court divisé par un filet haut, alors que le tennis de table se joue avec une balle très légère sur une table rectangulaire divisée par un filet très bas. Ces deux sports d'intérieur datent des années 1870. Le premier match de tennis de table fut disputé par deux étudiants de Cambridge : ils avaient pris des boîtes à cigares en guise de raquettes et, en guise de balle... un bouchon de champagne !

La tête de la raquette était en parchemin

JEU DE PING-PONG
Dès qu'il apparut dans le commerce, au début du siècle, le jeu devint très populaire. Le nom de ping-pong lui fut donné à ses débuts à cause du son de la balle sur la raquette.

Les raquettes avaient de longs manches en bois

Filet ancien avec piquets en cuivre jaune

FABRICATION DES RAQUETTES *ci-dessous*
La surface de frappe de la raquette est en bois ordinaire recouvert de caoutchouc à picots. Répartis uniformément sur le caoutchouc, les picots sont en relief ou, au contraire, tournés vers l'intérieur, selon l'effet recherché sur la balle.

LA PRISE
Certains joueurs préfèrent la prise dite «porte-plume».

Balle blanche en Celluloïd

Revêtement de picots en relief

RAQUETTE MODERNE
Le jeu devint plus intéressant dans les années 1920 lorsqu'on inventa la surface à picots qui permettait de donner de l'effet à la balle.

UN MATCH EN 1901
Les raquettes de bois ne permettaient que de longs échanges assez ennuyeux. Les raquettes à surface en caoutchouc relancèrent l'intérêt du jeu.

Surface de frappe en contre-plaqué

Revêtement de picots tournés vers l'intérieur

Caoutchouc cellulaire

Le caoutchouc doit être de couleur unie

LE BADMINTON

Ce jeu fut inventé en 1873 à Badminton, résidence du duc de Beaufort dans le Gloucestershire, en Angleterre. Le duc avait convié des officiers revenus des Indes. Ils eurent l'idée, en évoquant leurs souvenirs, de jouer au «Poona», jeu indien qui se pratiquait avec des raquettes et une balle de duvet. Ils improvisèrent alors un volant avec un bouchon de champagne et des plumes. Le jeu connut aussitôt un grand succès.

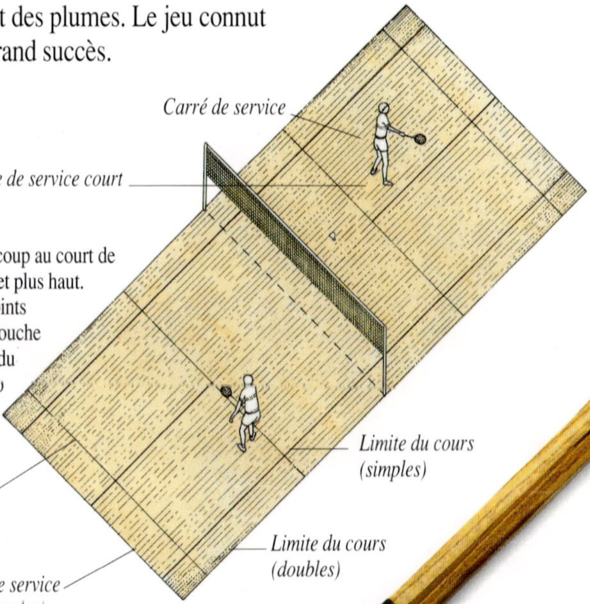

LE COURT
Il ressemble beaucoup au court de tennis, avec un filet plus haut. On marque des points lorsque le volant touche le sol à l'intérieur du court dans le camp adverse.

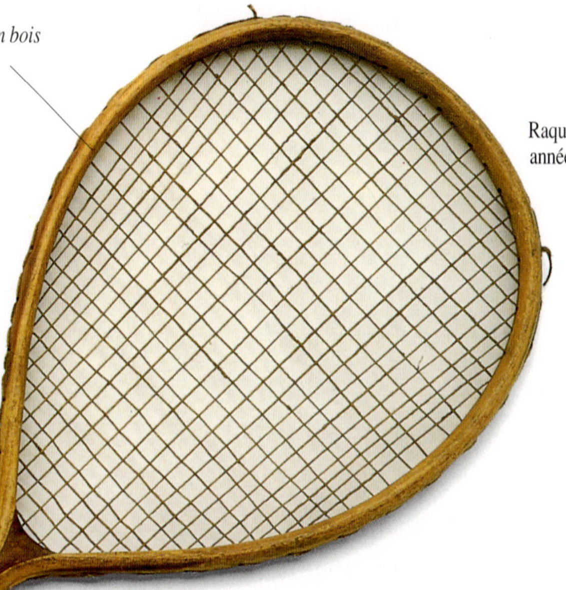

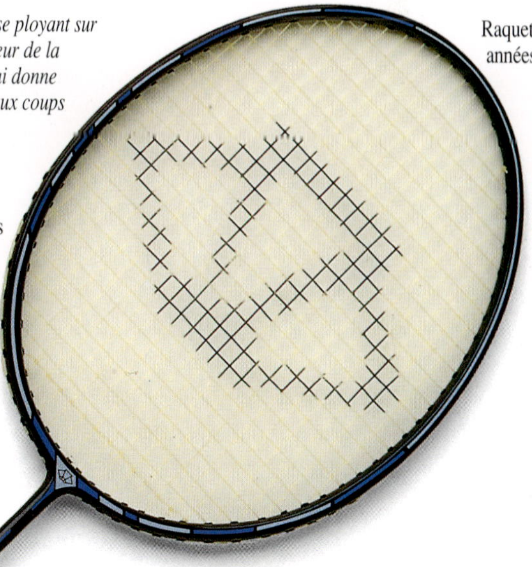

RAQUETTES D'HIER ET D'AUJOURD'HUI
Les premières raquettes ressemblent aux raquettes de tennis de la même époque, mais en plus léger. Celles d'aujourd'hui sont en matériaux nouveaux, légers, souples et solides. Leur tête a complètement changé de forme.

LE SERVICE
Il s'effectue par en dessous, contrairement au tennis. Le joueur laisse tomber le volant et le frappe de bas en haut, la tête de la raquette restant en dessous de la ceinture.

LE RETOUR DE SERVICE
On lève la raquette assez haut pour renvoyer le volant le plus vite possible.

Volant en plastique

LES VOLANTS
Sous différentes formes, le volant est un jouet répandu dans le monde entier depuis bien longtemps. Ceux du badminton sont en général composés de 14 à 16 plumes d'oie. On utilise aussi des volants en plastique.

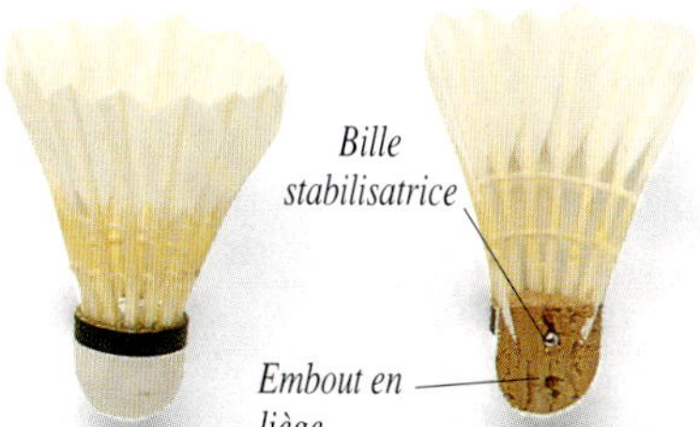

Volant à plumes

Plumes d'oie

LE JEU DE VOLANT
Ce jeu de salon du XVIIIe siècle était un simple divertissement : on se renvoyait le volant en tapant avec des raquettes.

LE SQUASH ET LE RACKET-BALL FONT LA BALLE AU MUR

Comme le jeu de paume et ses dérivés, le squash – ou «squash rackets» – se joue sur un court fermé. Un joueur frappe la balle contre le fronton et l'autre essaie de la renvoyer avant le deuxième rebond. L'ancien jeu de «rackets» a été inventé au XVIIIe siècle à la prison londonienne de Fleet. Les prisonniers tuaient le temps en frappant une balle contre le mur. Cent ans plus tard, à l'école de Harrow, des joueurs de «rackets» inventèrent le squash comme jeu d'entraînement. Son nom vient de la balle très molle («squashy») dont ils se servaient. Comme tous les jeux de raquettes, le squash et le racket-ball se jouent à deux (simples) ou à quatre (doubles). En Amérique, le court de squash est plus étroit et la balle beaucoup plus dure.

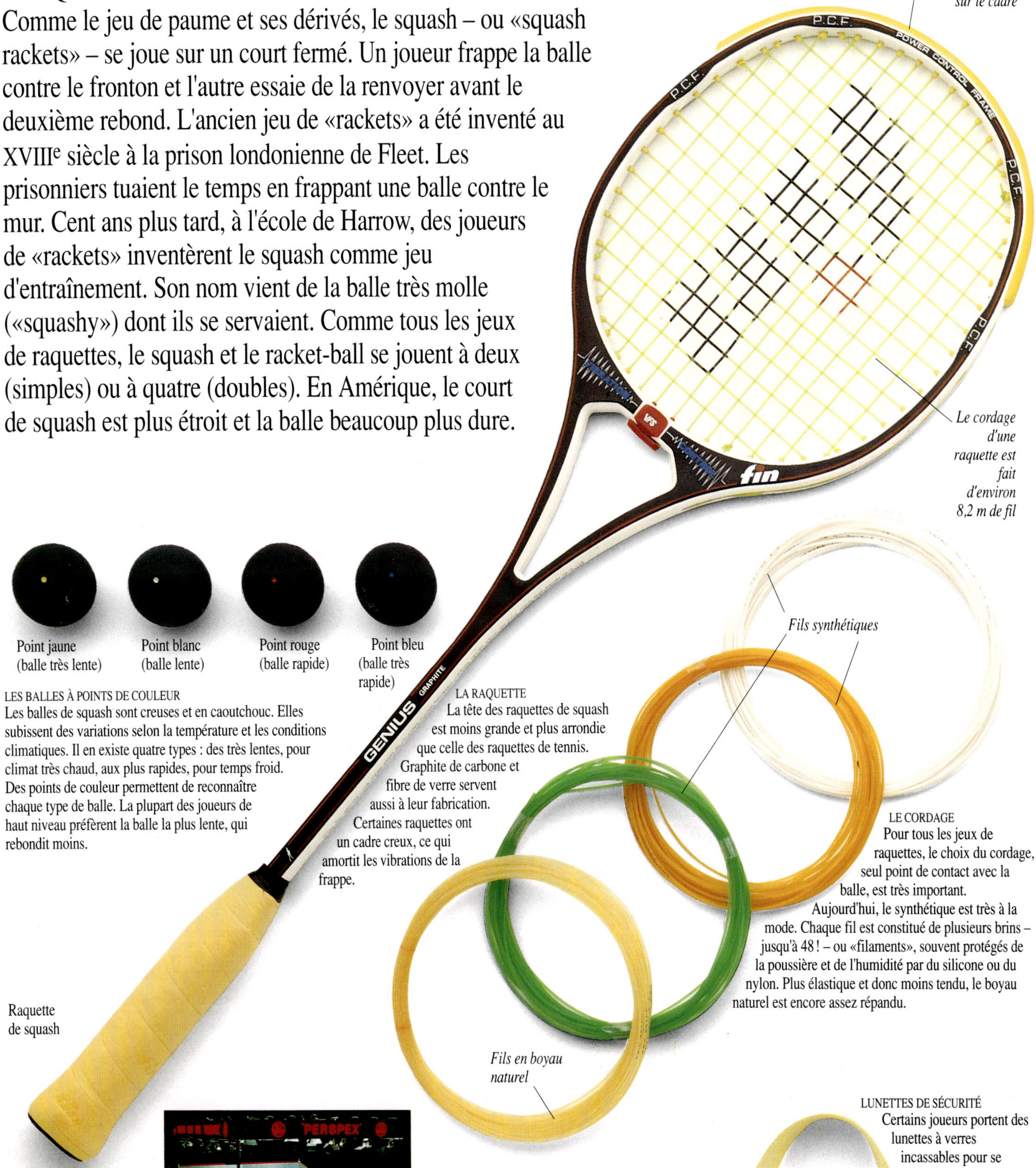

Bande protectrice sur le cadre

Le cordage d'une raquette est fait d'environ 8,2 m de fil

Raquette de squash

Point jaune (balle très lente)

Point blanc (balle lente)

Point rouge (balle rapide)

Point bleu (balle très rapide)

LES BALLES À POINTS DE COULEUR
Les balles de squash sont creuses et en caoutchouc. Elles subissent des variations selon la température et les conditions climatiques. Il en existe quatre types : des très lentes, pour climat très chaud, aux plus rapides, pour temps froid. Des points de couleur permettent de reconnaître chaque type de balle. La plupart des joueurs de haut niveau préfèrent la balle la plus lente, qui rebondit moins.

LA RAQUETTE
La tête des raquettes de squash est moins grande et plus arrondie que celle des raquettes de tennis. Graphite de carbone et fibre de verre servent aussi à leur fabrication. Certaines raquettes ont un cadre creux, ce qui amortit les vibrations de la frappe.

Fils synthétiques

Fils en boyau naturel

LE CORDAGE
Pour tous les jeux de raquettes, le choix du cordage, seul point de contact avec la balle, est très important. Aujourd'hui, le synthétique est très à la mode. Chaque fil est constitué de plusieurs brins – jusqu'à 48 ! – ou «filaments», souvent protégés de la poussière et de l'humidité par du silicone ou du nylon. Plus élastique et donc moins tendu, le boyau naturel est encore assez répandu.

Court de squash fermé de murs en Plexiglas

LES SPECTATEURS
Les murs en verre et en Plexiglas permettent aux spectateurs de suivre un match sous tous les angles. Leur installation a contribué à rendre le squash très populaire.

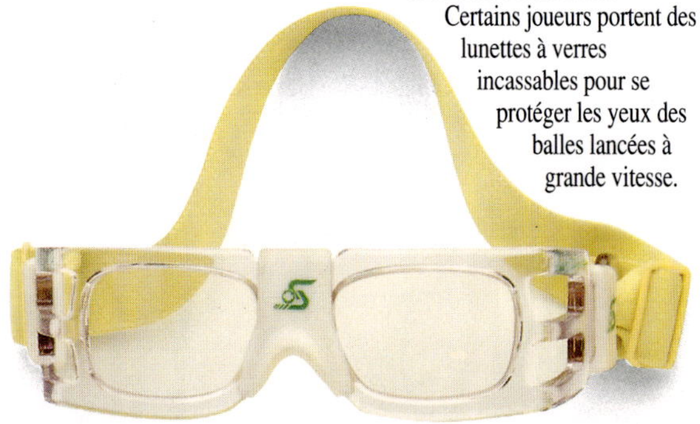

LUNETTES DE SÉCURITÉ
Certains joueurs portent des lunettes à verres incassables pour se protéger les yeux des balles lancées à grande vitesse.

LE RACKET-BALL

Ce cousin moderne du squash a débuté aux Etats-Unis dans les années 1950. C'est un dérivé du «paddleball» qui se jouait avec des battoirs plutôt que des raquettes à tamis. Comme pour le squash et le badminton, on ne marque des points qu'au service. Dès que le serveur perd sa mise en jeu, le service revient à son adversaire. Le vainqueur est celui qui, le premier, atteint le score de 21 points.

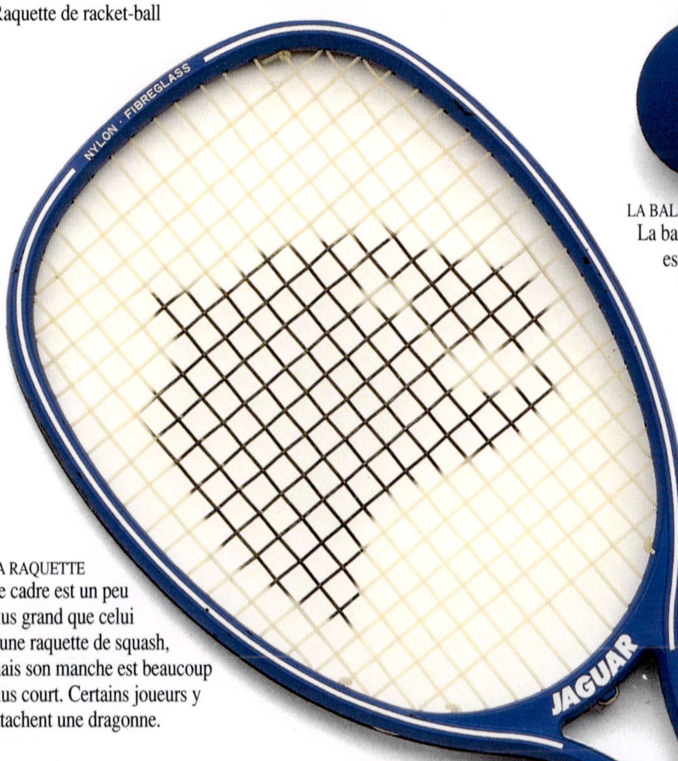

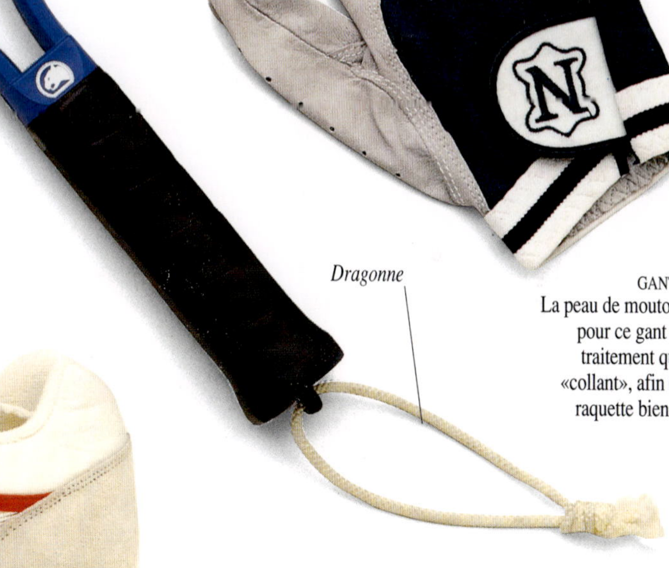

Raquette de racket-ball

LA BALLE
La balle creuse en caoutchouc est un peu plus grosse que la balle de squash. Quand on la fait tomber d'une hauteur de 2,50 m, elle doit rebondir de 1,70 à 1,80 m à une température de 24,5 °C.

LA RAQUETTE
Le cadre est un peu plus grand que celui d'une raquette de squash, mais son manche est beaucoup plus court. Certains joueurs y attachent une dragonne.

Gant de racket-ball

GANT DE CUIR
La peau de mouton utilisée pour ce gant a subi un traitement qui le rend «collant», afin d'avoir la raquette bien en main.

UN SPORT RAPIDE
Le squash et le racket-ball font partie des sports les plus rapides et les plus épuisants. Un bon joueur doit être très agile et en excellente forme physique. Les temps de repos entre les échanges ne durent que 10 secondes et les joueurs qui cherchent à retarder la reprise pour reprendre leur souffle sont pénalisés.

Chaussure de squash ou de racket-ball

COUPE DE CHAUSSURE
Toutes les chaussures de sport sont conçues pour être solides, légères et confortables. Celles des jeux de raquettes doivent être bien rembourrées aux talons et aux chevilles, pour amortir les chocs, et aérées pour laisser les pieds «respirer».

LA PELOTE BASQUE
La pelote basque se joue sur un terrain long et étroit. Elle oppose des équipes de joueurs équipés de chisteras – sortes de gouttières recourbées en osier – fixés sur un gant de cuir avec lesquels ils lancent et rattrapent la balle.

Joueur de pelote basque

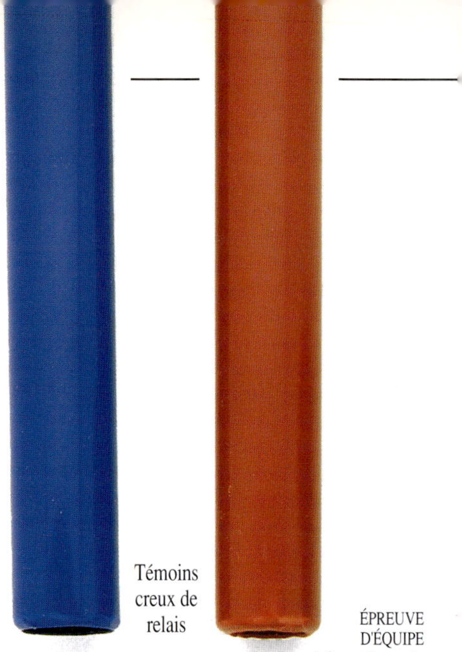

L'ATHLÉTISME EST L' EXPLOITATION DU CORPS PAR L'HOMME

Différents sports composent l'athlétisme. On les répartit en deux principaux groupes : les courses et les concours (sauts et lancers). Ils comptent parmi les plus anciennes épreuves fondamentales de vitesse, de puissance, d'agilité et d'endurance et descendent en droite ligne des jeux que les Grecs pratiquaient il y a 2 500 ans. La plupart des athlètes ne participent qu'à une ou deux épreuves, mais quelques-uns se spécialisent dans des combinaisons d'épreuves : l'héptathlon pour les femmes (sept épreuves en deux jours) et le décathlon pour les hommes (dix épreuves en deux jours).

Témoins creux de relais

ÉPREUVE D'ÉQUIPE
Le relais est la seule épreuve d'athlétisme qui se dispute par équipe de quatre relayeurs se passant le témoin. Il existe deux sortes de relais : sur 4 x 100 et 4 x 400 mètres.

Pistolet du starter

Balles à blanc

DU DÉPART À L'ARRIVÉE
Le départ des courses est donné au coup de pistolet du starter. Dans les compétitions de niveau international, il déclenche un chronomètre électronique de haute précision, seul pris en compte pour l'homologation des records. Dans les compétitions de moindre niveau, on utilise des chronomètres ordinaires (dits manuels). On juge le franchissement de la ligne d'arrivée au niveau du torse du coureur.

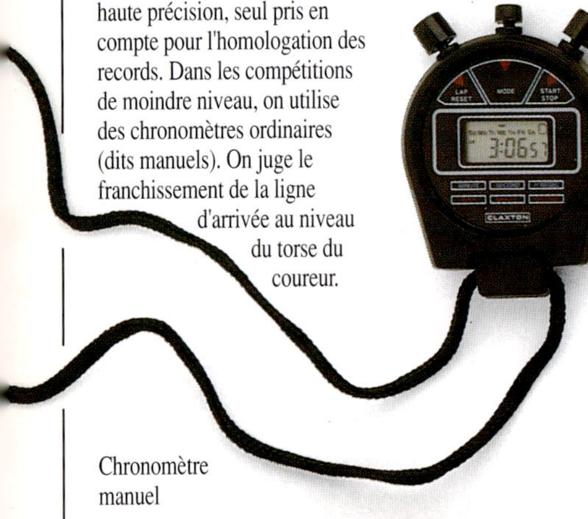

Chronomètre manuel

Porteur de la flamme olympique

LES COURSES

Les courses sur une distance égale ou inférieure à un tour de piste complet sont disputées sur 8 couloirs. Le couloir extérieur étant plus long que le couloir intérieur, les plots de départ sont décalés de sorte que tous les concurrents parcourent la même distance.

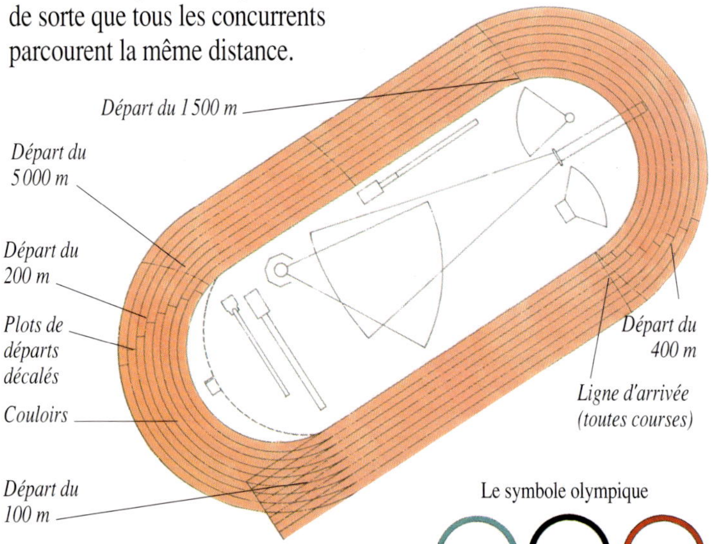

Le symbole olympique

LES JEUX OLYMPIQUES
Les jeux Olympiques, qui ont lieu tous les quatre ans, comportent une grande variété de sports, outre l'athlétisme. Les cinq anneaux entrelacés du symbole olympique représentent les cinq continents du monde.

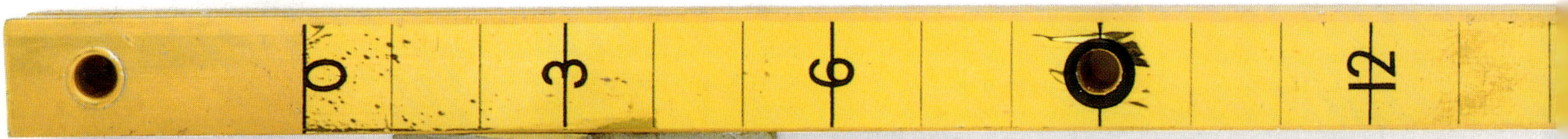

À VOS MARQUES ! *à gauche*
Les sprinters se servent de starting-blocks fixés à la piste, qui fournissent un point d'appui pour les pieds au départ de la course. Les blocks peuvent être reliés à un système qui détecte les faux départs : lorsque les pieds d'un coureur quittent les starting-blocks avant le coup de pistolet du starter.

LE CROSS-COUNTRY
A côté des épreuves sur piste, il y a les courses de longue distance, sur route et à travers la campagne. Ces courses comportent souvent des obstacles : haies, fossés et cours d'eau.

CHAUSSURES DE COURSE SUR ROUTE

Les pieds des coureurs de course sur route sont mis à rude épreuve. Les chaussures doivent donc assurer un bon soutien et être très confortables.

Semelle à coussin d'air

Pointes vissées

Chaussures de piste

LA MARCHE ATHLÉTIQUE

Les marcheurs sont tenus d'avoir à chaque instant une partie du pied en contact avec le sol. Les épreuves de marche se déroulent habituellement sur des distances plus longues que les courses.

CHAUSSURES DE PISTE *ci-dessus*

Sur piste, les coureurs portent des chaussures légères à pointes, très ajustées. Les pointes donnent une meilleure adhérence et permettent aux athlètes de courir jusqu'à 40 km/h.

LES COURSES DE HAIES

Outre les courses sur plat, il existe des courses d'obstacles : 110 m haies, 400 m haies et 3000 m steeple pour les hommes ; 100 m haies, 400 m haies pour les femmes. Hormis au 3000 m steeple, où les obstacles – dont une «rivière» – sont fixes, les haies peuvent être renversées par les coureurs sans risque de les blesser.

Starting-blocks

Granulés de caoutchouc

TYPES DE PISTE

Les anciennes pistes étaient recouvertes d'herbe ou de cendrée. Les plus récentes sont en caoutchouc synthétique et en polyuréthane (Tartan), ce qui les rend utilisables par n'importe quel temps.

Vue en coupe d'une piste en matériau synthétique

La surface élastique d'une piste en matériau synthétique permet aux athlètes de courir plus vite

Le poids est en fer ou en métal dur. Les poids pour les épreuves en salle sont en caoutchouc rempli de billes de plomb

LE LANCER DU POIDS

Le poids ressemble à un boulet de canon. Tenu d'une main, coincé entre le menton et l'épaule, il est ensuite propulsé loin du corps. Comme dans les autres épreuves de lancer, des poids différents sont attribués aux hommes et aux femmes, et selon les catégories d'âge.

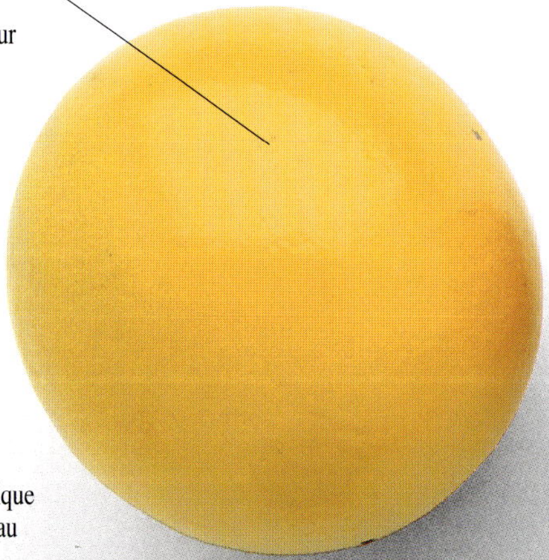

Poids pour hommes 7,26 kg

Poids pour femmes 4 kg

LE MARTEAU

Le marteau est une sphère fixée à une poignée par un câble d'acier, le tout pesant 7,26 kg, autant que le poids. Sa technique particulière de lancer, utilisant la force centrifuge, permet de l'envoyer quatre fois plus loin. Il arrive que le marteau retombe sur la piste, aussi cette épreuve est-elle programmée en dehors des autres. Les femmes n'y participent pas.

La technique du marteau

Mètre à ruban

LE LANCER DU MARTEAU

Le lanceur fait tournoyer le marteau plusieurs fois au-dessus de sa tête, puis exécute une rotation complète du corps avant de lâcher prise.

Marteau

LE JAVELOT

Les concours de javelot sont des épreuves très anciennes. La technique du lanceur de javelot ressemble à celle du chasseur qui lance une sagaie. Le javelot peut être lancé plus loin que le poids, le marteau ou le disque. Celui des hommes pèse 800 g, celui des femmes, 600 g.

Hampe en aluminium

Javelot

Corde pour assurer la prise

Un chasseur et sa sagaie

LE SAUT EN HAUTEUR

La plupart des sauteurs en hauteur utilisent la technique dite du «Fosbury flop» : ils passent au-dessus de la barre «sur le dos». Le nom de cette technique vient de l'athlète américain Dick Fosbury, qui fut le premier à sauter de cette façon aux jeux Olympiques de Mexico, en 1968.

DU BON PIED

Les chaussures des lanceurs et des sauteurs sont différentes de celles des coureurs. Elles ont souvent des pointes au talon. Les sauteurs en hauteur mettent parfois une chaussure à pointes au pied d'appel et une chaussure d'entraînement à l'autre pied.

Pointes au talon

Chaussure de saut en hauteur

LE SUCCÈS MESURÉ
Les lancers et sauts sont mesurés du point d'impact le plus proche ou du point de départ de l'athlète.

LES CONCOURS

Les concours ont lieu dans l'enceinte de la piste mais les pistes d'élan des triples sauts, sauts en longueur ou à la perche, se trouvent quelquefois à l'extérieur. Les lancers du marteau et du disque se font depuis l'intérieur d'une cage grillagée pour protéger les spectateurs.

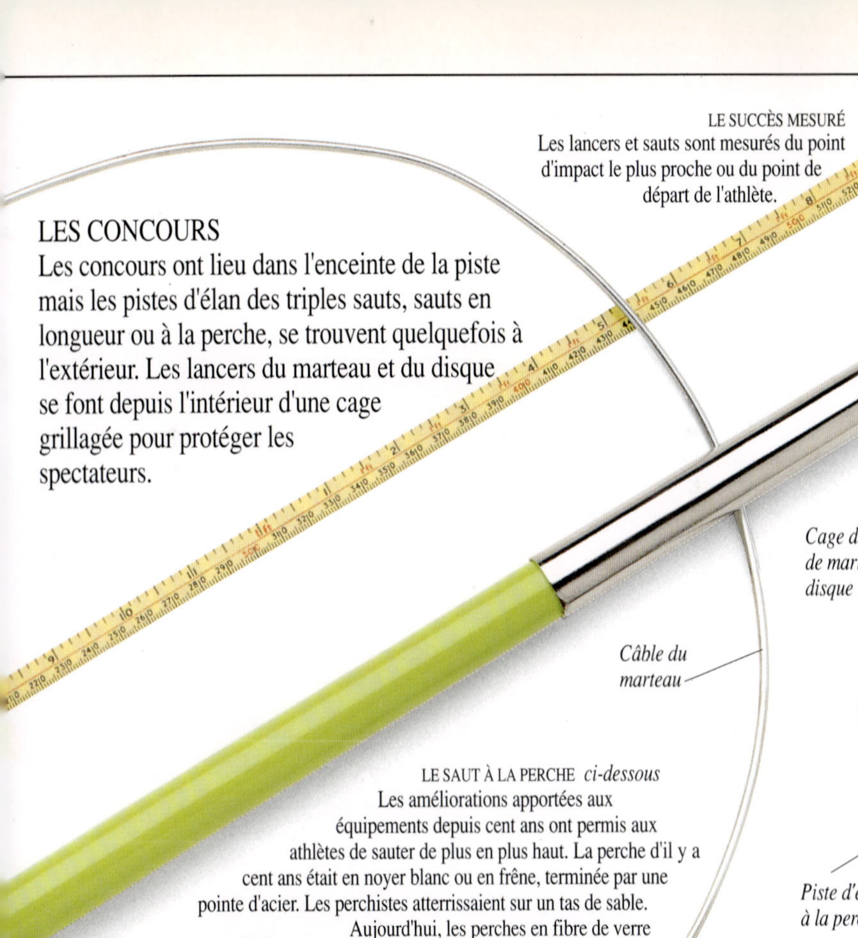

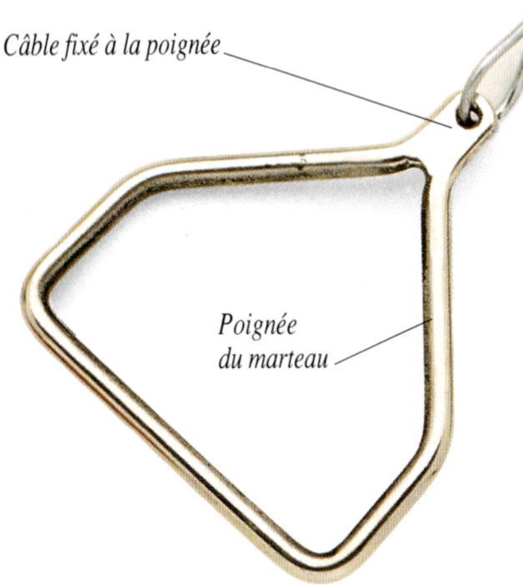

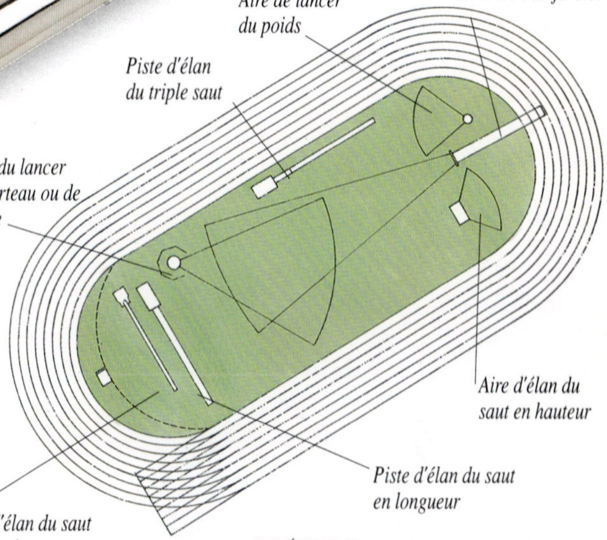

LE SAUT À LA PERCHE *ci-dessous*
Les améliorations apportées aux équipements depuis cent ans ont permis aux athlètes de sauter de plus en plus haut. La perche d'il y a cent ans était en noyer blanc ou en frêne, terminée par une pointe d'acier. Les perchistes atterrissaient sur un tas de sable. Aujourd'hui, les perches en fibre de verre sont plus solides et plus flexibles et les perchistes retombent sur d'épais matelas rembourrés.

LE DÉCATHLON
C'est une combinaison de quatre courses, trois lancers et trois sauts. Le premier jour, les concurrents participent au 100 m, au saut en longueur, au lancer du poids, au saut en hauteur et au 400 m. Le deuxième jour commence avec le 110 m haies, puis le lancer du disque, le saut à la perche, le jet du javelot, pour finir avec le 1500 m.

LE DISQUE
Le lancer du disque faisait partie des premiers jeux Olympiques. Le disque en bois ou en plastique est cerclé de métal arrondi. Les disques modernes pèsent 2 kg pour les hommes et 1 kg pour les femmes.

Le disque

Le discobole de la Grèce antique

LE SAUT EN LONGUEUR ET LE TRIPLE SAUT
La course d'élan des athlètes qui participent à ces épreuves se termine sur la planche d'appel d'où ils sautent dans une fosse à sable. Le triple saut combine trois figures de saut.

Technique du triple saut

1er saut, d'élan — 2e saut, de relance — 3e saut, final

LA GYMNASTIQUE GARDE LA FORME

La gymnastique est un ensemble d'épreuves de puissance, d'adresse, de coordination des mouvements et d'équilibre. Les gymnastes se servent d'agrès homologués pour effectuer une série d'exercices notés par des juges. Il y a six épreuves pour les hommes : anneaux, cheval d'arçons, barres parallèles, barre fixe, saut de cheval et exercices au sol. Les femmes concourent au saut de cheval, aux exercices au sol, à la poutre et aux barres asymétriques. Dans les gymnases modernes, il y a de nombreux équipements pour «garder la forme».

LE RUBAN

Les exercices au sol se déroulent sur une zone délimitée de 12 m². Les gymnastes doivent évoluer sur toute la surface sans mettre un pied dehors. Les exercices sont composés de sauts périlleux, de figures et de poses en équilibre ; les exercices féminins peuvent être accompagnés de musique. Une variante récente, la gymnastique rythmique féminine comporte des exercices au sol avec des rubans, des ballons, des cerceaux, des cordes et des massues légères.

DANS LES AIRS

Les anneaux sont suspendus à 2,50 m au-dessus du sol. Les mouvements doivent être effectués sans que les anneaux se balancent d'avant en arrière.

Les anneaux en bois ont 18 cm de diamètre

LES BARRES PARALLÈLES *ci-dessous*

Les mouvements effectués sur les barres parallèles ont des noms aussi différents que «panier de pêche» ou montée en force. Le record de «pompes» est de plus de 700 en 30 minutes.

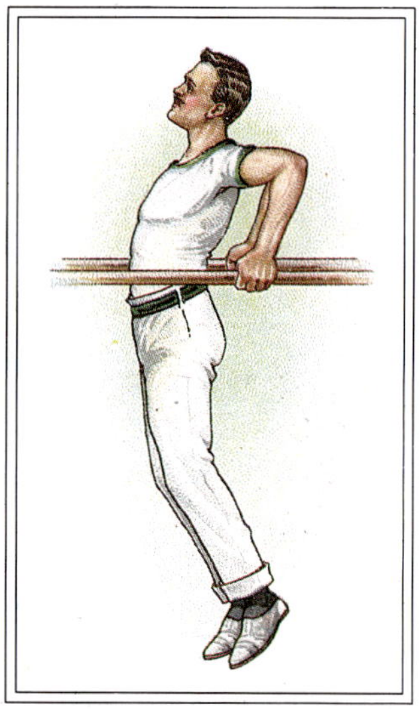

À LA POUTRE

Les gymnastes font des sauts périlleux, la roue et des rotations sur la poutre, qui mesure 5 m de long et est positionnée à une hauteur de 1,20 m. Le travail à la poutre exige une grande maîtrise de l'équilibre : elle n'a que 10 cm de large.

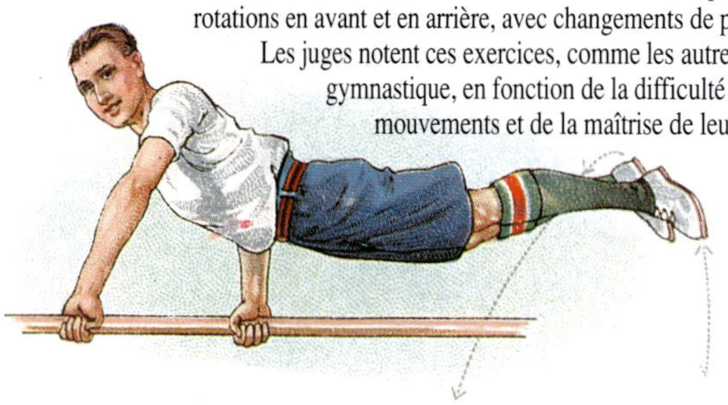

LA BARRE FIXE

Les exercices à la barre fixe doivent être enchaînés et comportent des rotations en avant et en arrière, avec changements de point d'appui. Les juges notent ces exercices, comme les autres épreuves de gymnastique, en fonction de la difficulté des mouvements et de la maîtrise de leur exécution.

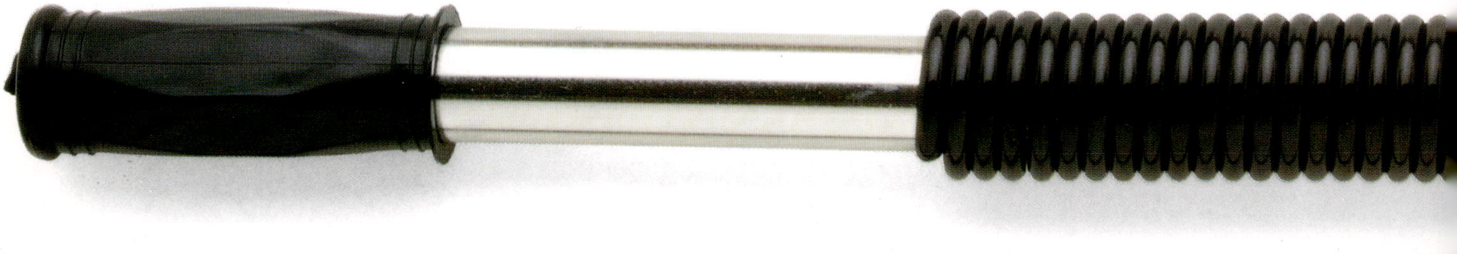

Corde en cuir

Corde à sauter

LA CORDE À SAUTER
Le saut à la corde est un exercice simple et un jeu d'enfant indémodable. Les boxeurs s'y livrent pour améliorer leur sens de la coordination, leur mobilité et leur endurance. Le record de durée : plus de 12 heures !

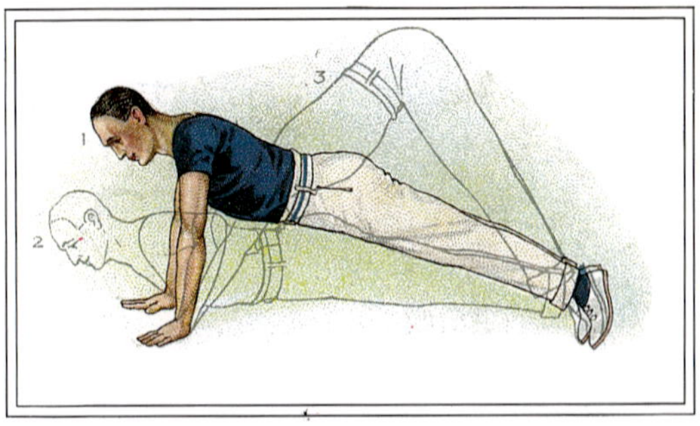

RECORD DE «POMPES»
Faire des pompes est un moyen simple de développer la résistance et la force musculaire des bras et des pectoraux. Le record : plus de 24000 pompes en une séance (et 3000 sur un bras) !

LE GRIMPER
L'échelle de corde et la corde sont des équipements traditionnels des gymnases. Le grimper développe les muscles des bras et améliore l'agilité et la coordination des mouvements.

Haltère en vinyle

HALTÈRES *à droite*
De petits haltères sont utilisés pour les exercices destinés à raffermir et à tonifier les muscles des bras, des épaules et des pectoraux. Ils doivent peser au moins 1 kg chacun, mais leur poids n'est jamais excessif. Dans les gymnases modernes, on se sert beaucoup des haltères pour l'entraînement.

CHEVAL D'ARÇONS *ci-dessous*
Le cheval d'arçons ressemble au cheval de saut mais avec deux poignées. Les gymnastes effectuent une série de rotations en appui sur les mains sur l'agrès sans le toucher ni des pieds ni des jambes.

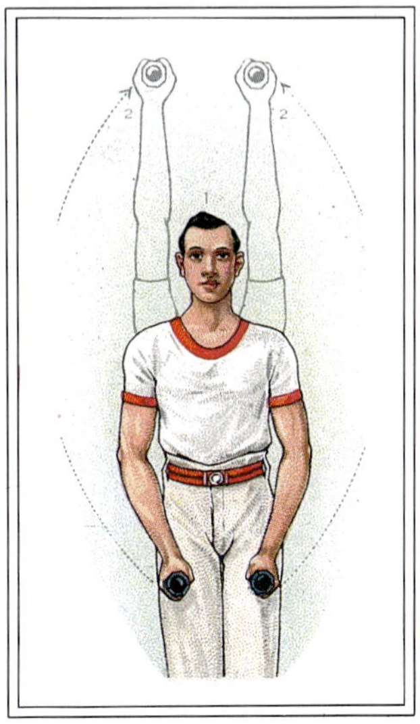

Exercice d'haltères pour développer les épaules

BARRE FLEXIBLE *ci-dessous*
Cette barre flexible est un des nombreux accessoires pour faire travailler les muscles de tout le corps.

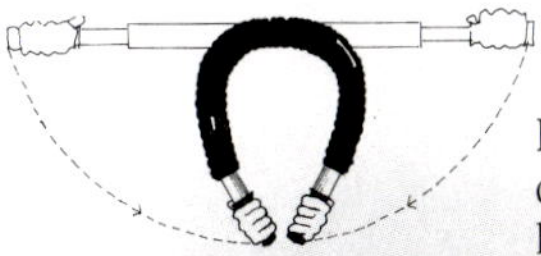

Mode d'utilisation de la barre flexible

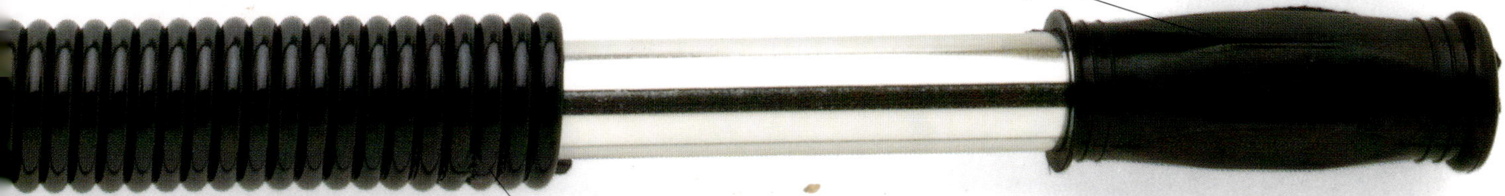

Poignée

Ressort à forte tension

L'HALTÉROPHILIE PREND DU POIDS

Soulever des poids est une épreuve de force des plus simples et des plus anciennes. Les haltérophiles modernes se mesurent dans le cadre de catégories de poids. Depuis quelques années, beaucoup de gens ont découvert les effets bénéfiques de l'entraînement avec des poids pour accroître la force et l'endurance dont ils ont besoin dans d'autres sports. D'autres s'y exercent pour développer leur musculature et participent à des concours de culturisme, c'est le «body-building».

UN HERCULE DE FOIRE *à gauche*
Autrefois, des hercules de foire soulevaient des poids dans les cirques et les fêtes foraines, mais l'haltérophilie moderne, avec des barres et des disques, date seulement de la fin du siècle dernier.

LES DISQUES *ci-dessous*
Ces disques en fonte pèsent de 0,25 kg à 25 kg. On peut alourdir les barres à volonté en rajoutant des disques de tel ou tel poids sur la barre.

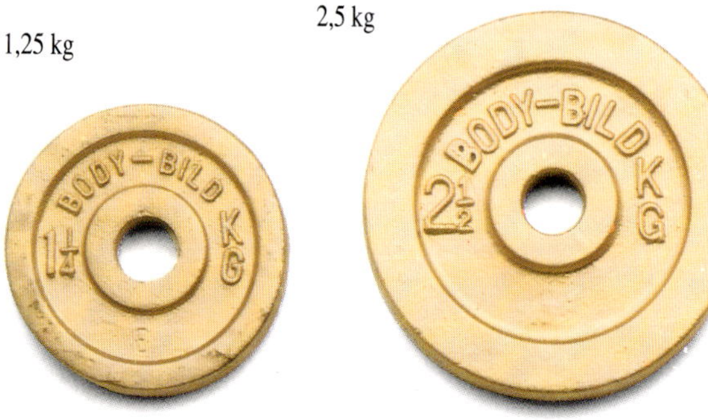

1,25 kg

2,5 kg

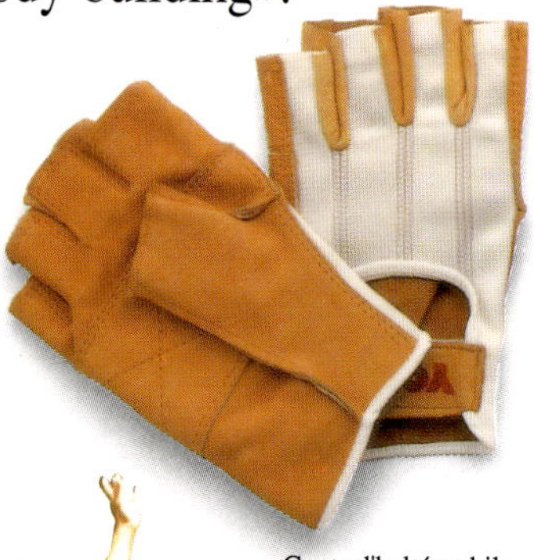

Gants d'haltérophile

CEINTURE LOMBAIRE *ci-dessus*
Les haltérophiles portent de larges ceintures qui maintiennent le dos pendant l'effort.

Cale métallique qui bloque les poids à l'intérieur

Poignées

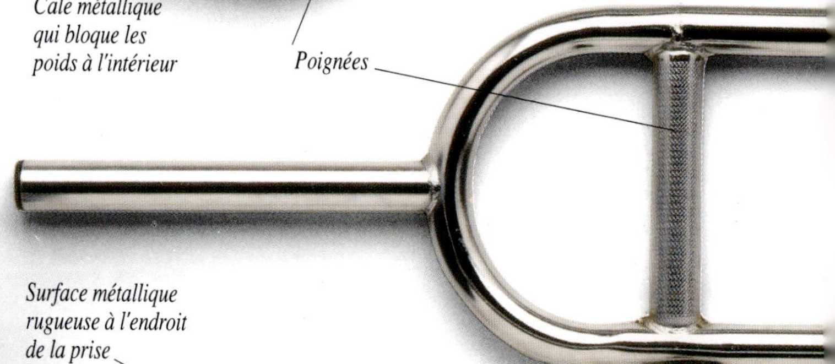

LA MUSCULATION
Des culturistes, hommes et femmes, s'entraînent avec des poids pour développer l'ensemble de leur musculature. Lors des concours, ils s'enduisent d'huile pour mettre leurs muscles en relief avant de défiler devant les juges .

Femme culturiste

Surface métallique rugueuse à l'endroit de la prise

LA CHARGE DE LA BARRE
Les disques sont fixés sur la barre qui mesure 2, 20 m de long et pèse 20 kg. Le poids de la barre est compris dans le calcul global du poids soulevé. Les disques vont en ordre décroissant vers l'extérieur, les plus lourds étant mis en place les premiers. Il est donc facile d'augmenter progressivement le poids en rajoutant des disques après chaque lever réussi.

L'épaulé...

L'ÉPAULÉ-JETÉ
Une des principales techniques d'haltérophilie est le mouvement en deux temps, épaulé-jeté, qui consiste, dans un premier temps, à lever la barre sur la poitrine, puis, après une mise en équilibre, à la soulever au-dessus de la tête. L'athlète doit bloquer les coudes en extension pour achever le mouvement.

...jeté

5 kg

7,5 kg

10 kg

FIXATIONS
On utilise différentes sortes de colliers pour maintenir les disques en place.

Collier à ressort

Collier à déblocage rapide

Collier à visser

POIDS EN PLASTIQUE *à droite*
Dans les compétitions de haut niveau, on se sert de poids recouverts de caoutchouc ou de plastique. Une couleur différente permet de reconnaître tout de suite les différents poids. Ceux de 50 kg, verts, ne sont utilisés que pour constituer les charges maximales.

TYPES DE BARRES *ci-dessous*
En plus de la barre droite classique, il en existe d'autres, de formes différentes, pour l'entraînement. Le but de l'exercice n'est plus alors de soulever les poids au-dessus de la tête mais de faire travailler certains groupes de muscles.

Barre pour développer les biceps

Barre pour développer les triceps

L'ARRACHÉ *à droite*
L'autre technique, l'arraché, consiste à soulever la barre au-dessus de la tête d'un seul mouvement, tâche beaucoup plus difficile. Les résultats des concours sont calculés en additionnant les poids soulevés dans les deux épreuves : épaulé-jeté et arraché.

LA PUISSANCE
Les adeptes de «powerlifting» peuvent soulever des poids beaucoup plus lourds, mais ils ne sont pas tenus de les soulever au-dessus de la tête.

L'entraînement au punching-ball

LA BOXE MET L'ÉLÉGANCE AU SERVICE DU PUGILAT

Les pugilats très brutaux disputés à poings nus en Grande-Bretagne tout au long des XVIIIe et XIXe siècles sont à l'origine de la boxe moderne. Ils furent interdits et, en 1865, le marquis de Queensberry édicta les règles de la boxe moderne : des reprises de trois minutes et le port de gants obligatoire. Aujourd'hui, les combats sont gagnés aux points, sur décision de l'arbitre de disqualifier un combattant, d'arrêter le match, par l'abandon d'un boxeur ou, enfin, par knock-out.

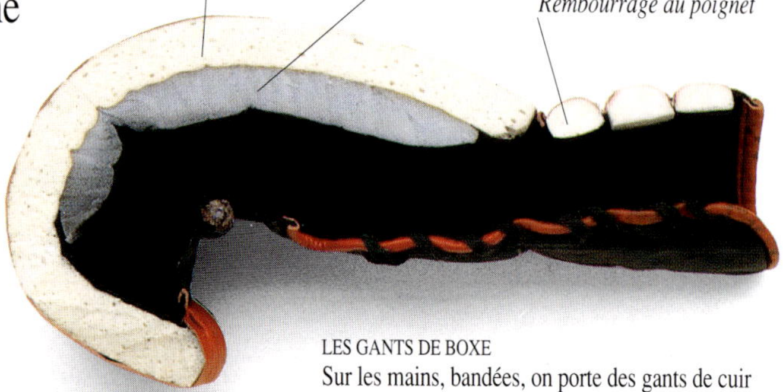

Latex très dense

Mousse éponge souple

Rembourrage au poignet

Coupe d'un gant d'entraînement

LES GANTS DE BOXE

Sur les mains, bandées, on porte des gants de cuir rembourrés fermés par des lacets. Ils pèsent 227 g ou 284 g selon le poids du boxeur. Les gants d'entraînement servent pour le travail sur le sac ou sur le punching-ball.

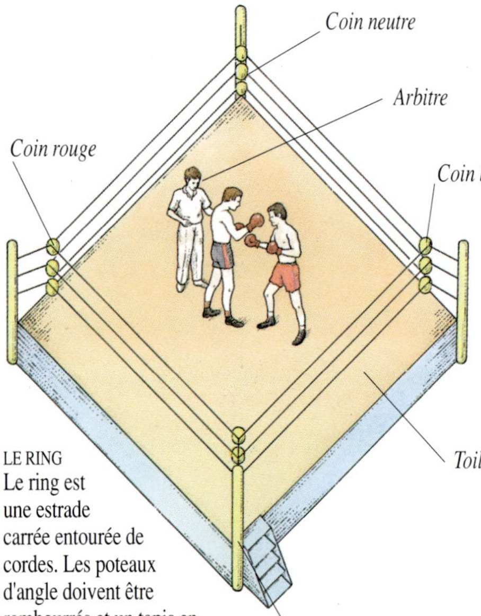

Coin neutre

Arbitre

Coin rouge

Coin bleu

Toile

Coin neutre

LE RING

Le ring est une estrade carrée entourée de cordes. Les poteaux d'angle doivent être rembourrés et un tapis en mousse est posé sous la toile.

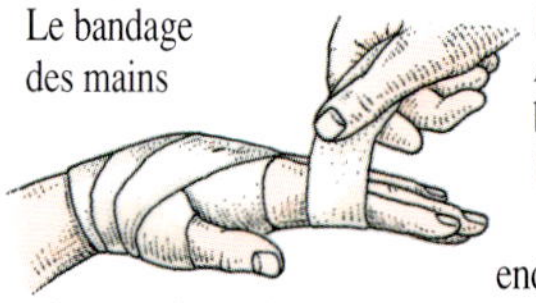

Le bandage des mains

LES BANDAGES

Autrefois, les boxeurs, qui se battaient à poings nus, endurcissaient leurs mains en les trempant dans de la soude. Aujourd'hui, ils se protègent avec des bandages. Les professionnels en utilisent jusqu'à 5,60 m !

Bande adhésive

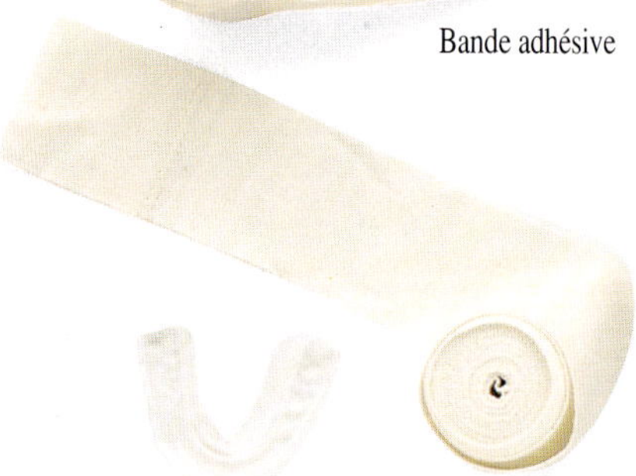

Protège-dents

Bandage souple

Gants de compétition

Gants pour le travail du sac

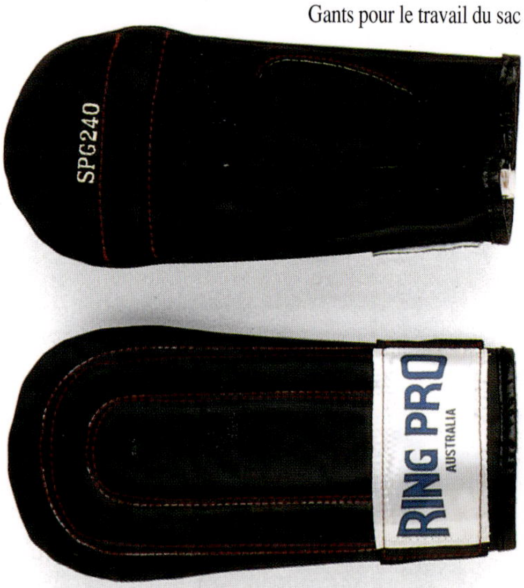

Protège-tête

Mentonnière

Protège-oreille rembourré

LA BOXE À POINGS NUS

La boxe avec des gants remonte aux temps des Grecs anciens mais au XIXe siècle, les boxeurs combattaient à poings nus, durant parfois plus de six heures.

Boxeur à poings nus

AMATEUR OU PROFESSIONNEL ?
ci-dessus
Les combats d'amateurs se disputent en trois reprises de trois minutes chacune, alors que les combats de championnats professionnels peuvent aller jusqu'à 15 reprises. Les amateurs portent toujours un maillot, voire un casque – que les professionnels ne mettent que pour l'entraînement. Chaque boxeur porte un protège-dents moulé à ses empreintes. Sous le short, une coquille protège des éventuels coups bas.

LA CULOTTE DE BOXE
Les boxeurs portent des shorts amples. Pour les combats professionnels, ils sont traditionnellement en satin brodé aux initiales du boxeur. La «ceinture» est la zone entre le haut des hanches et le nombril du boxeur ; elle doit être matérialisée par une couleur contrastée. Les coups portés délibérément «sous la ceinture» sont interdits par les règles.

LE JUGEMENT PAR POINTS

A la fin de chaque reprise, l'arbitre ou les juges accordent des points à chaque boxeur. Le nombre maximal de points (20 en général) est attribué au boxeur ayant le mieux porté ses coups. Pour marquer des points, le coup doit être porté par la partie du gant couvrant les phalanges, à la face et sur la partie supérieure du corps de l'adversaire. A la fin de la dernière reprise, le combattant ayant le total de points le plus élevé sera déclaré vainqueur.

Direct du gauche au corps

JEU DE JAMBES
La rapidité et l'agilité sur le ring sont des atouts importants. Les boxeurs perfectionnent leur jeu de jambes en sautant à la corde. Leurs chaussures montantes sont très légères, avec une mince semelle sans talon.

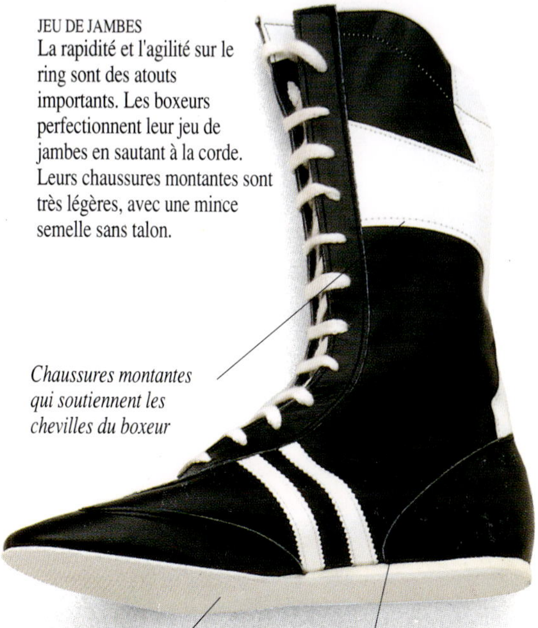

Esquive d'un «punch» du gauche et contre par un direct du droit à la mâchoire

Esquive à droite pour éviter un direct du gauche à la face

LES ARTS MARTIAUX, POUR QUE L'ESPRIT DOMINE LA FORCE

La vogue des films de karaté, lancée par Bruce Lee dans les années 1970, contribua à l'engouement pour les arts martiaux

Sous le terme «arts martiaux» on pourrait tout aussi bien englober l'escrime, le tir et le tir à l'arc, et ne pas se limiter aux sports décrits ici. Mais il désigne en général des sports de combat venus d'Extrême-Orient, parmi lesquels le judo et le karaté sont les plus répandus. Le judo, la «manière douce» en japonais, combine des prises et des projections. Le karaté, ou «main ouverte», associe coups de poings et coups de pieds. Les premiers à pratiquer les arts martiaux furent les samouraïs japonais qui étaient armés d'arcs et de sabres. Les techniques du combat sans arme, ancêtres du judo et du karaté d'aujourd'hui, leur permettaient de poursuivre le combat même après avoir été désarmés par leur adversaire.

LES ARMES DE KUNG-FU
En complément des formes de combat sans arme, les adeptes font l'apprentissage d'armes spécifiques telles que le nunchaku, constitué de deux poignées de bois reliées par une chaîne de métal. Cette arme est dérivée du fléau utilisé dans les rizières chinoises. Lors des compétitions sportives, on lui préfère le nunchaku à poignées en caoutchouc, moins dangereux.

Nunchaku

LE KENDO *ci-dessous*
L'art japonais traditionnel du kendo est une variante de l'escrime avec un sabre de bois. Les concurrents, ou kendoki, revêtus d'armures se livrent des assauts qui durent seulement 3 à 5 minutes.

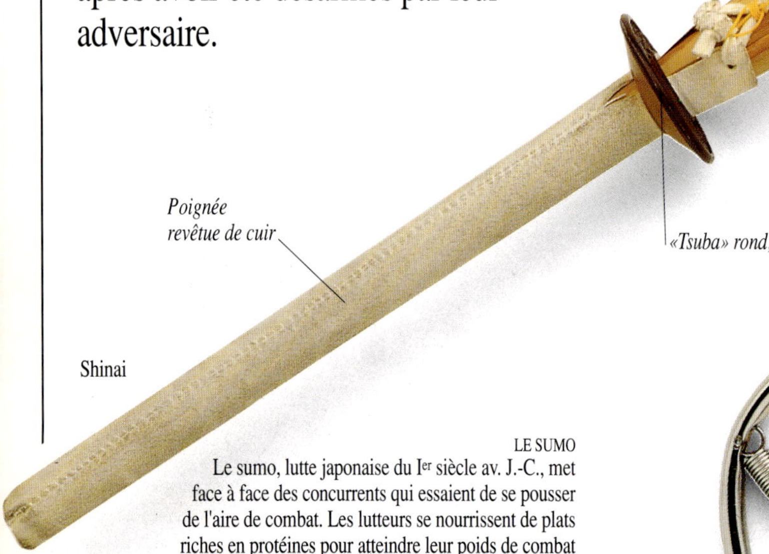

Poignée revêtue de cuir

«Tsuba» rond, ou bouclier, en cuir

Shinai

LE SUMO
Le sumo, lutte japonaise du Ier siècle av. J.-C., met face à face des concurrents qui essaient de se pousser de l'aire de combat. Les lutteurs se nourrissent de plats riches en protéines pour atteindre leur poids de combat – le plus gros pesait 225 kg. L'aspect rituel joue un rôle important dans ce sport.

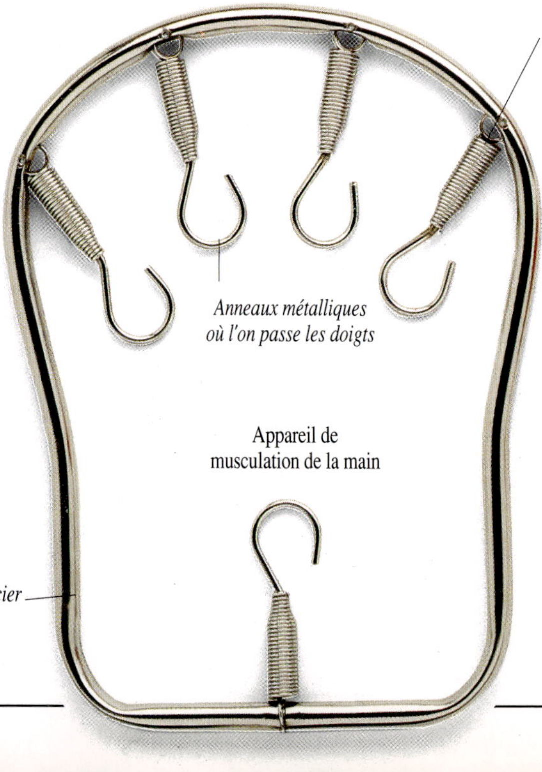

Ressorts fortement tendus

Anneaux métalliques où l'on passe les doigts

Appareil de musculation de la main

Cadre en acier

LA BONNE PRISE
Pour pratiquer les arts martiaux, il faut être en excellente forme physique. Des appareils comme celui-ci permettent de développer la force et l'endurance. L'adresse et la souplesse sont aussi importantes : les combattants s'entraînent avec des «détendeurs» de jambes, afin de pouvoir donner des coups de pied très haut.

L'ÉQUIPEMENT DU KENDO

Les kendoki portent masques, gants, cuirasses et tabliers de protection. Le sabre, qu'on appelle un shinai, est fait de tiges de bambou resserrées et liées avec de la ficelle et du cuir. Il ne doit pas dépasser 118 cm de longueur.

Embout en cuir

Tiges de bambou

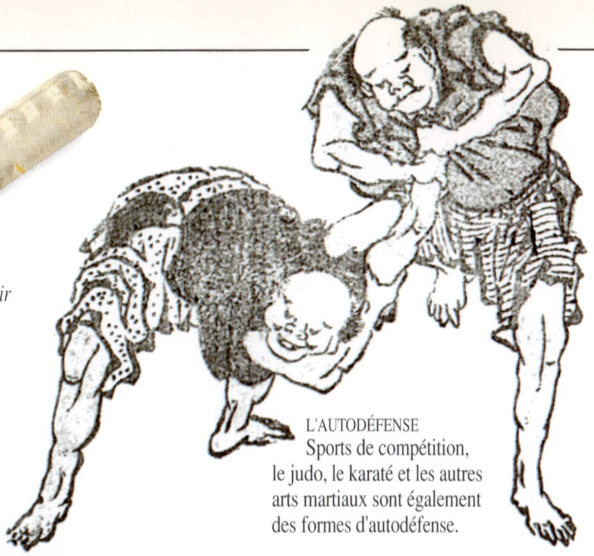

L'AUTODÉFENSE

Sports de compétition, le judo, le karaté et les autres arts martiaux sont également des formes d'autodéfense.

Gants de «semi-contact»

GANTS DE KARATÉ

Aux diverses formes de karaté correspondent des règles différentes pour les équipements de protection que portent les combattants, et pour le degré de contact physique autorisé. On porte différentes sortes de gants pour l'entraînement et dans certaines compétitions.

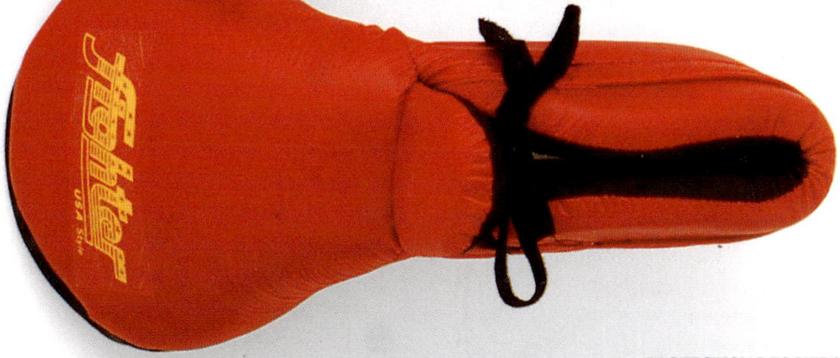

Chaussons rembourrés

PROTECTION DES PIEDS

Ces chaussons rembourrés protègent les pieds nus du karatéka lorsqu'il donne des coups.

LE JUDO

On enseigne à l'élève du judo comment retourner la force de son adversaire contre lui-même, tout en conservant sa propre énergie. Les assauts sont soumis à des règles sévères, leur but étant de démontrer une meilleure technique plutôt que de blesser l'adversaire. Les points sont attribués selon le niveau d'exécution des mouvements de prise et de projection.

UNE TECHNIQUE SPECTACULAIRE

Avec leur entraînement particulier, sur le plan physique et spirituel, les karatékas peuvent briser des briques ou des blocs de bois avec les mains, les pieds ou la tête.

LE KARATÉ

Les assauts ne durent que deux minutes, sous la supervision d'un arbitre et de quatre juges. Comme dans le judo, c'est la démonstration d'une technique supérieure qui prime.

CEINTURES DE JUDO *à droite*

Les judokas reçoivent des ceintures de couleur indiquant leur niveau technique. Le niveau le plus élevé est la ceinture noire. Mais il existe trois niveaux supérieurs : les ceintures rayées rouge et blanc, les rouges et les blanches.

Ceinture rouge
9e - 11e dan

Ceinture noire
1er - 5e dan

Ceinture marron
1er kyu

Ceinture bleue
2e kyu

Ceinture verte
3e kyu

Ceinture orange
4e kyu

Ceinture jaune
5e kyu

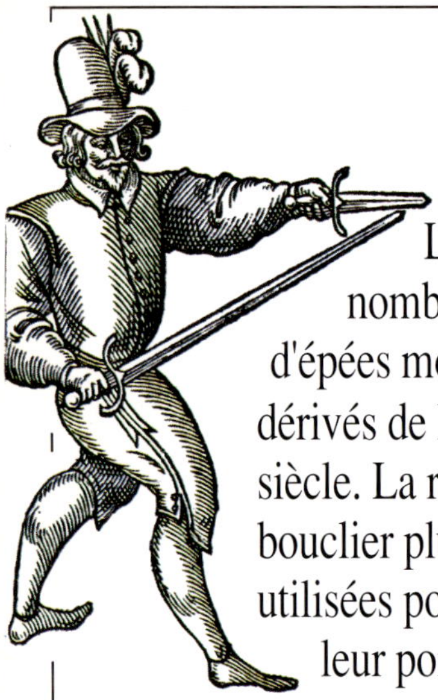

L'ESCRIME : TOUCHER EST JOUER

L'escrime est un sport de combat à l'épée qui se déroule sur une piste étroite de 14 m de longueur. Le vainqueur est celui qui marque le plus grand nombre de touches sur l'adversaire. Les trois types d'épées modernes – le fleuret, l'épée et le sabre – sont dérivés de la rapière, une arme en vogue à la Cour au XVIe siècle. La rapière et la dague remplaçaient l'épée et le bouclier plus lourds que l'on portait auparavant. Les épées utilisées pour l'escrime n'ont pas de lames tranchantes et leur pointe est mouchetée pour éviter les blessures.

Duelliste du XVIe siècle

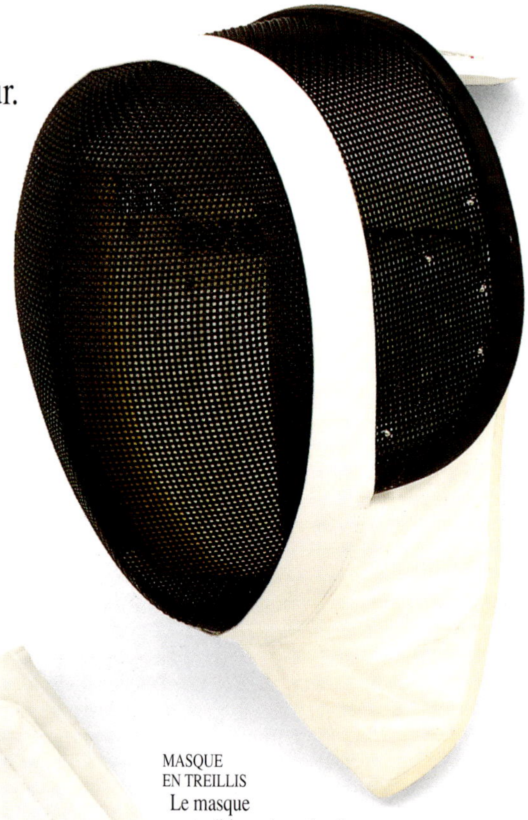

PLASTRON MÉTALLIQUE
Pendant certains concours, des équipements électroniques signalent les touches marquées. Les escrimeurs portent alors des plastrons spéciaux en fils métalliques tissés, conducteurs d'électricité, qui font clignoter le tableau d'affichage lorsque la pointe de l'épée les touche.

MASQUE EN TREILLIS
Le masque traditionnel protège le visage et la tête, et une bavette rembourrée protège le cou. Le treillis peut être soit en métal, soit en plastique moulé. Il permet à l'escrimeur de voir tout en ayant les yeux protégés.

LA TENUE
Elle doit laisser à l'escrimeur toute liberté de mouvement tout en le protégeant au mieux. Elle doit être blanche, en tissu résistant, et ne doit pas donner prise à la lame de l'épée.

LE GANT
Un long gant blanc protège la main qui tient l'épée. Légèrement rembourré, il recouvre la moitié de l'avant-bras.

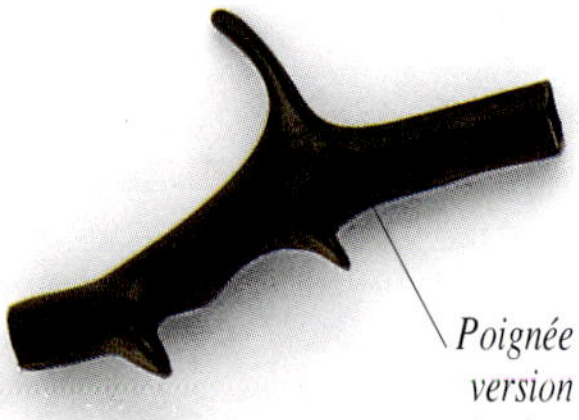

L'ÉPÉE
Les épées doivent être conformes à des normes de conception et de sécurité très strictes. La longueur d'une épée, quel qu'en soit le type, ne doit pas dépasser 110 cm – 105 cm pour le sabre.

La prise en main

LA LAME
De section quadrangulaire, elle porte une rainure sur toute sa longueur. Lors des concours, le fil détecteur y est logé et fixé par un ruban adhésif.

LE SABRE

La lame peut être droite ou courbe mais continue et de moins de 4 cm de large. Le sabre doit peser moins de 500 g et la garde mesurer 15 cm x 14 cm au maximum. Contrairement au fleuret et à l'épée, on peut se servir, pour marquer des touches, aussi bien du tranchant de la lame (la taille) que de la pointe (l'estoc).

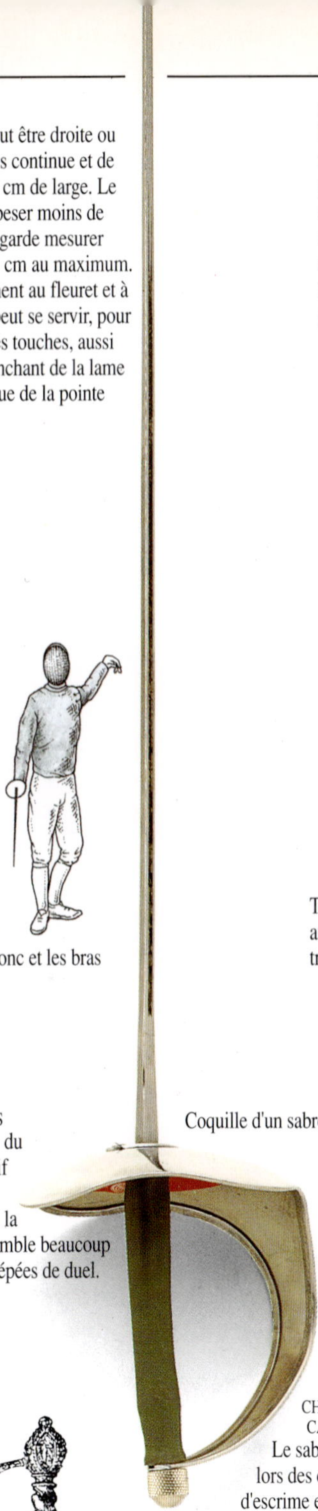

Touches valables au sabre : le tronc et les bras

LE FLEURET

L'usage de cette arme s'est répandu au XVIIIe siècle. Elle pèse le même poids que le sabre et sa garde a un diamètre maximal de 12 cm. Au fleuret électrique, on ne marque une touche que si la pression sur le point est d'au moins 500 g.

Touches valables au fleuret : le tronc uniquement

L'ÉPÉE

C'est l'arme traditionnelle des duellistes, plus lourde que le sabre et le fleuret (750 g maximal) et équipée d'une garde de 13,5 cm de diamètre maximum. Pour marquer une touche à l'épée électrique, la pression sur le point doit être d'au moins 750 g. Les épées et les fleurets sont souvent attachés à la main de l'escrimeur par une dragonne.

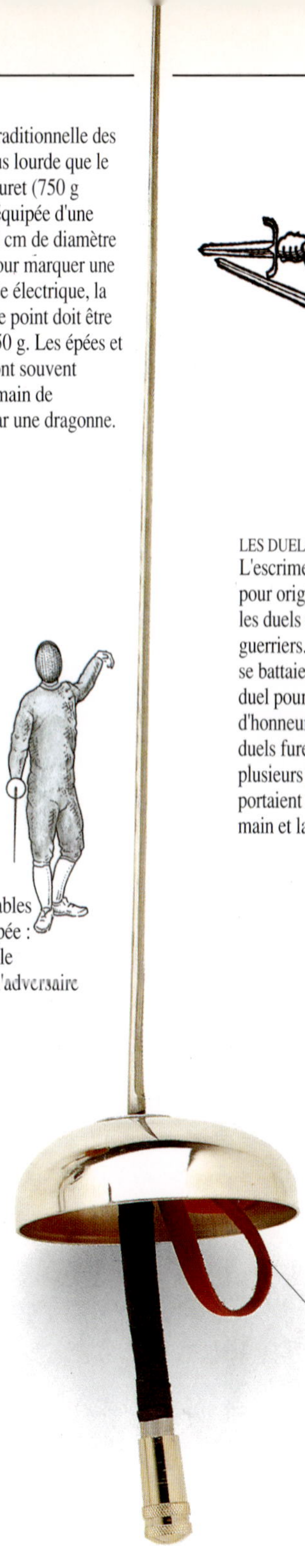

Touches valables à l'épée : l'ensemble du corps de l'adversaire

LES DUELS

L'escrime a pour origine les duels et les combats guerriers. Les gentilshommes se battaient régulièrement en duel pour régler des affaires d'honneur. Très meurtriers, ces duels furent interdits dans plusieurs pays. Les duellistes portaient souvent l'épée d'une main et la dague de l'autre.

LES GARDES

La coquille du sabre sportif moderne, qui protège la main, ressemble beaucoup à celle des épées de duel.

Coquille d'un sabre moderne

Dragon vers 1840

CHARGE DE CAVALERIE

Le sabre utilisé lors des concours d'escrime est une version plus légère de l'épée des troupes de cavalerie des XVIIIe et XIXe siècles. L'arme spéciale de ces troupes avait une lame courbe et plate.

Coquille de rapière du XVIe siècle

Dragonne

L'ÉLECTRICITÉ

Lors des concours de fleuret et d'épée, des appareils de contrôle électrique des touches relient la pointe de l'épée à des voyants lumineux par un long fil qui passe sous le plastron de l'escrimeur.

Bouton

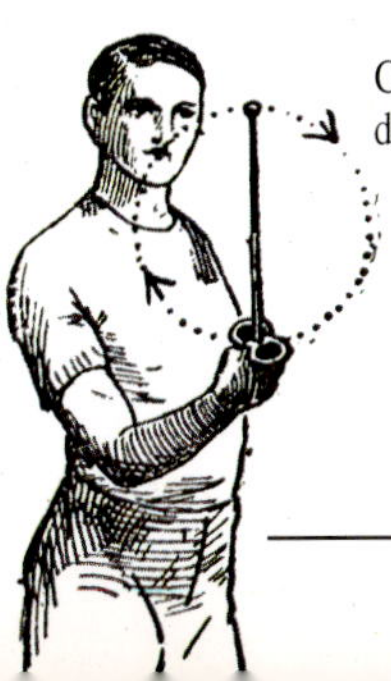

Contre de quarte

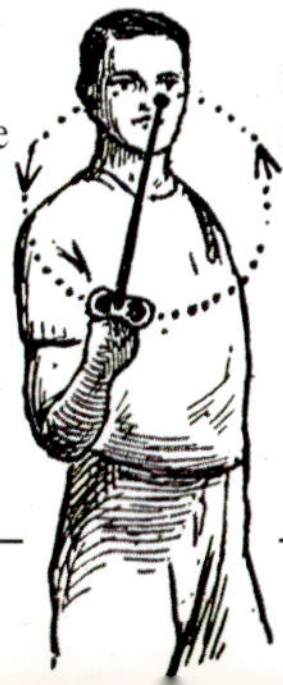

Contre de sixte

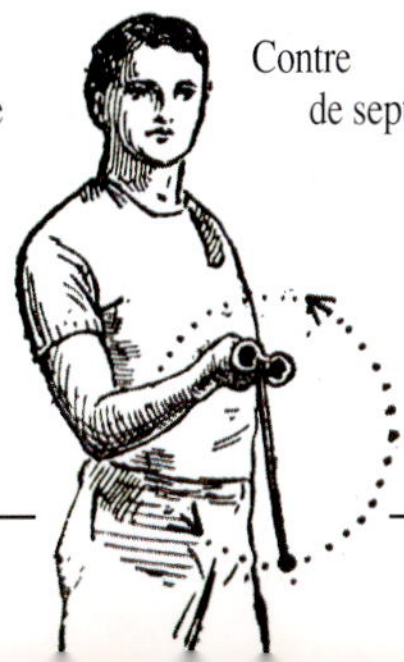

Contre de septime

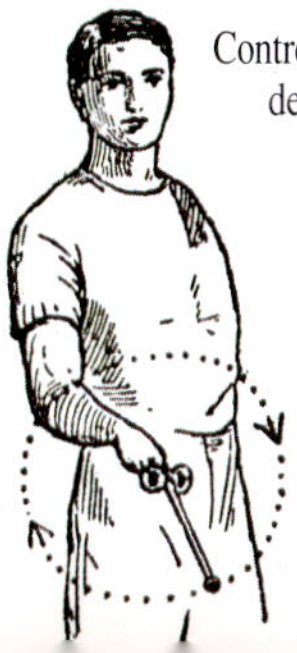

Contre de seconde

TECHNIQUES DE L'ESCRIME

Ces battements circulaires – obtenus uniquement par des mouvements des doigts et du poignet – ont pour but de dévier la lame de l'adversaire. Beaucoup de termes d'escrime datent de l'introduction en France de l'épée légère, aux XVIe et XVIIe siècles.

ARC ET ARBALÈTE GARDENT DU RESSORT

Depuis la nuit des temps, les hommes se sont servis d'arcs et de flèches pour la chasse et la guerre. Les arcs modernes de compétition ont gardé les principes de conception des premiers arcs, mais le cran de mire, les stabilisateurs et d'autres accessoires leur donnent une allure très différente. Les concurrents au tir à l'arc tirent un nombre imposé de flèches sur des cibles situées à des distances données : 30 m, 50 m, 70 m et 90 m pour les hommes ; 30 m, 50 m, 60 m et 70 m pour les femmes. Le tir à l'arbalète fait parfois l'objet de concours séparés.

Les flèches de Cupidon provoquent les sentiments amoureux

LA TAPISSERIE DE BAYEUX
La tapisserie de la reine Mathilde représente la conquête de l'Angleterre par les Normands (1066). Durant tout le Moyen Age, les archers occupent une place prépondérante dans les armées.

LES AMAZONES VICTORIENNES
Les arcs du XIXe siècle étaient composés de deux morceaux de bois assemblés. Ceux qui étaient taillés dans une même pièce de bois s'appellaient des «self bows».

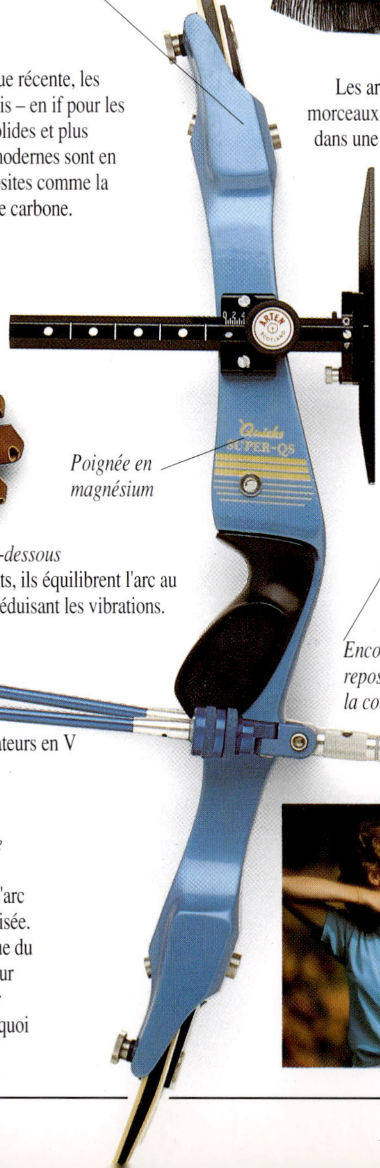

L'ARC MODERNE
Jusqu'à une époque récente, les arcs étaient en bois – en if pour les meilleurs. Plus solides et plus fiables, les arcs modernes sont en matériaux composites comme la fibre de verre et le carbone.

LA PROTECTION
Une manique fixée sur le bras porteur de l'arc le protège de la corde. A la main qui tire, on porte soit un gant, soit un protège-doigts.

Manique

Protège-doigts

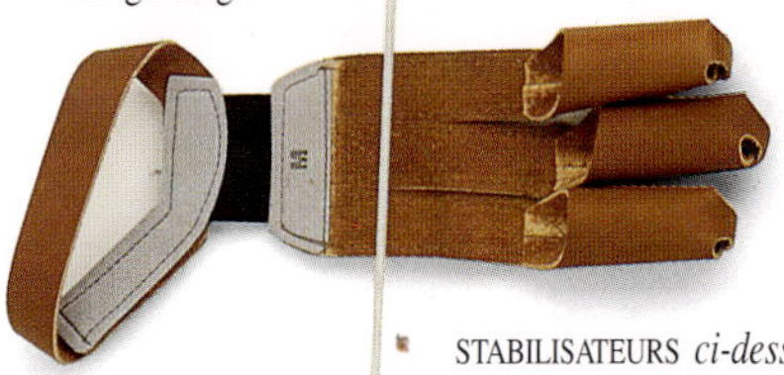

Gant d'archer

Anneau de fixation de la mire

CRAN DE MIRE *à gauche*
On peut fixer un cran de mire sur un côté de l'arc, pour aider l'archer à viser plus juste.

STABILISATEURS *ci-dessous*
Vissés aux montants, ils équilibrent l'arc au moment du tir en réduisant les vibrations.

À LA CHASSE *à gauche*
Lorsque les hommes vivaient de la chasse, l'arc était une arme très utilisée. Les Indiens d'Amérique du Nord s'en servaient pour tuer les bisons qui leur fournissaient aussi de quoi s'abriter et se vêtir.

MINI FLÈCHES
Les carreaux tirés par l'arbalète sont beaucoup plus courts que les flèches ordinaires mais doivent mesurer au moins 30 cm.

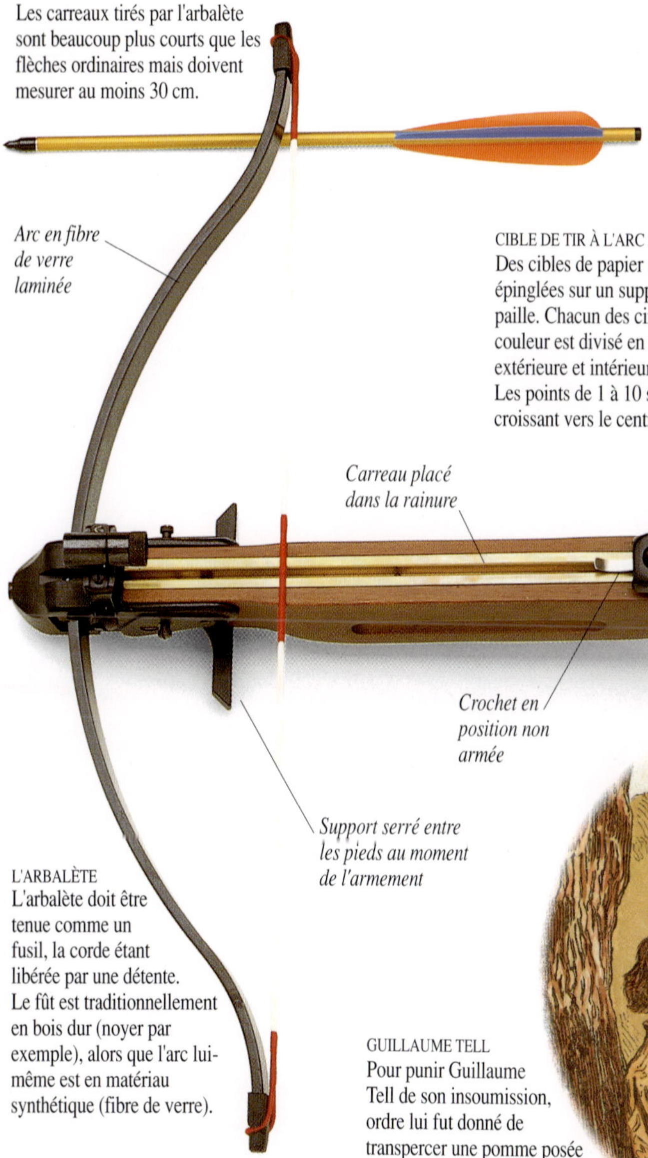

Arc en fibre de verre laminée

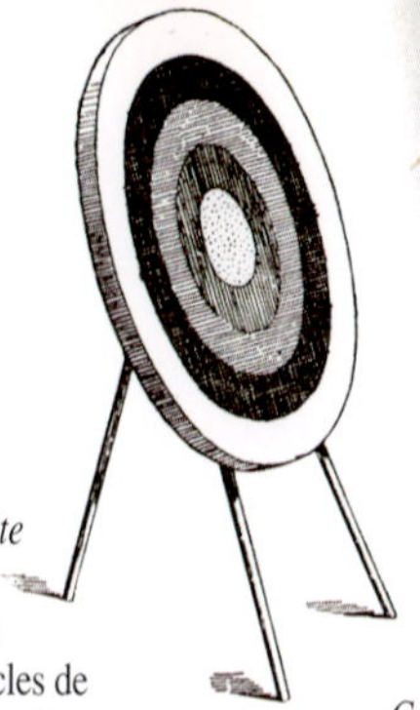

CIBLE DE TIR À L'ARC *à droite*
Des cibles de papier sont épinglées sur un support en paille. Chacun des cinq cercles de couleur est divisé en deux parties, extérieure et intérieure, soit au total 10 zones. Les points de 1 à 10 sont marqués en ordre croissant vers le centre de la cible.

Cible en paille

Cercle blanc (intérieur) 2 points

Cercle bleu (extérieur) 5 points

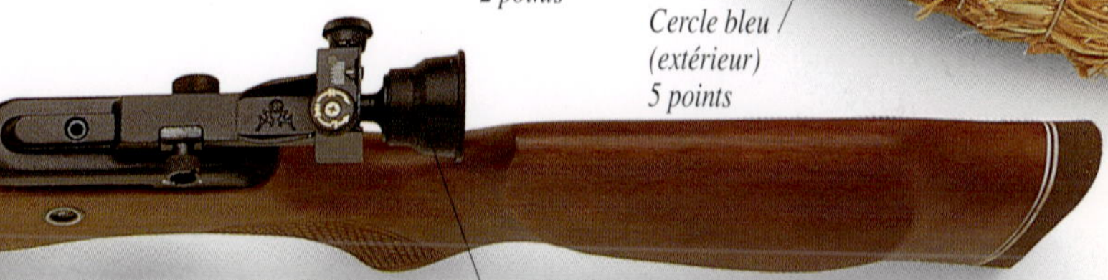

Carreau placé dans la rainure

Crochet en position non armée

Œilleton de visée

Support serré entre les pieds au moment de l'armement

L'ARBALÈTE
L'arbalète doit être tenue comme un fusil, la corde étant libérée par une détente. Le fût est traditionnellement en bois dur (noyer par exemple), alors que l'arc lui-même est en matériau synthétique (fibre de verre).

GUILLAUME TELL
Pour punir Guillaume Tell de son insoumission, ordre lui fut donné de transpercer une pomme posée sur la tête de son fils. Selon la légende, il tira à l'arbalète mais l'illustration ci-contre le montre avec un arc.

Pointe de métal

Tige de bois

LES ÉLÉMENTS DE LA FLÈCHE *ci-dessus*
Les essences traditionnellement employées sont le cèdre et le sapin rouge. La flèche est «empennée», c'est-à-dire munie d'ailerons conçus pour régulariser sa trajectoire.

LE CARQUOIS *à droite*
Les flèches sont logées dans cet étui que l'archer porte habituellement à la ceinture. Les flèches ci-contre sont en aluminium à empennage plastique.

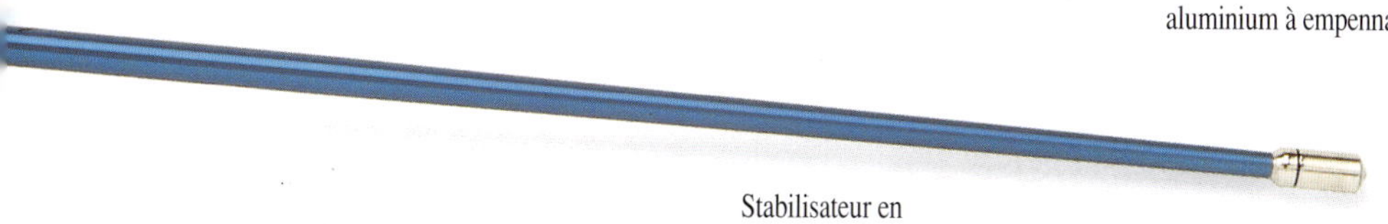

Stabilisateur en aluminium

DISTANCE RECORD *à gauche*
Les arcs modernes sont très puissants. Avec un «footbow», arc tenu avec les pieds et que l'on bande à deux mains, on peut tirer une flèche à plus de 1 800 m. Le record, pour un arc classique, est de plus de 1 100 m.

Tireur du Far West

LE TIR FAIT PARLER LA POUDRE

La chasse est l'ancêtre du tir sportif, comme du tir à l'arc. Aujourd'hui, le fusil de chasse sert aussi bien à tirer le petit gibier à plumes et à poil qu'à s'exercer au ball-trap. Pour le gros gibier – cerfs ou éléphants, par exemple – et pour le tir à la cible, il faut des carabines. Les concours de tir diffèrent selon les armes et les munitions utilisées, selon la position du tireur et la forme de la cible.

Il ne doit pas y avoir d'objectif grossissant sur le cran de mire d'une carabine 22 long rifle

Chargeurs supplémentaires rangés dans la crosse

Cible pour 22 long rifle

Lunette télescopique

MUNITIONS DE GROS CALIBRE *à gauche*
Ces balles, qui servent pour la chasse au gros gibier, sont de calibre 7,62 mm. Elles peuvent atteindre 3,2 km de portée.

TIR DE VITESSE *ci-dessous*
Le plus répandu des concours de tir au pistolet est le tir de vitesse à 25 m. Le tireur se trouve face à une rangée de 5 cibles en forme de silhouette et ne dispose que de 4, 6 ou 8 secondes pour tirer un coup sur chacune.

CANONS SUPERPOSÉS *ci-dessus*
Ce fusil à canons superposés tire de la chevrotine qui se trouve dans une cartouche en carton éjectée au moment du tir.

Pistolet de compétition

Balles de 9 mm

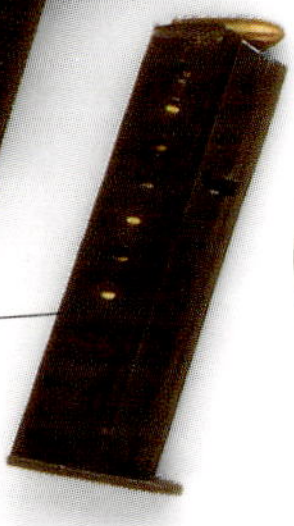

Chargeur avec munitions

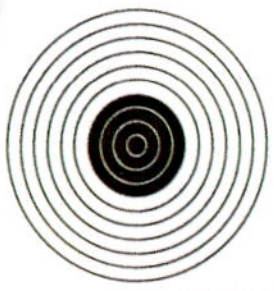

Cible normalisée pour tir au pistolet à 18 m

PROTECTION CONTRE LE BRUIT
Tous les concurrents de haut niveau portent un casque insonorisant.

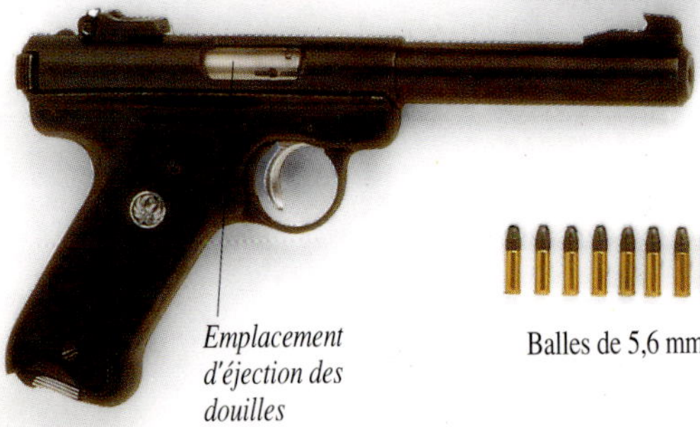

Pistolet automatique à tir rapide

Emplacement d'éjection des douilles

Balles de 5,6 mm

Cible pour tir rapide

CARABINE 22 LONG RIFLE *ci-dessous*
Avec cette arme, on tire d'une distance de 50 m sur une cible ronde de 16,24 cm de diamètre. Le calibre des balles utilisées est de 5,6 mm.

Guidon de visée

LE BIATHLON
C'est un sport moderne réunissant le ski de fond et le tir. Le parcours est de 20 km maximum, entrecoupé de trois ou quatre arrêts au cours desquels on tire sur des cibles situées à une distance de 150 m.

Balles pour carabine de 22 long rifle

ANNIE DU FAR WEST
Annie Oakley était un tireur d'élite célèbre.
Dans son spectacle, elle tirait sur une cigarette que son mari tenait entre les lèvres. Et elle faisait mouche à 30 pas sur une carte à jouer.

CARABINE DE GROS CALIBRE *ci-dessus*
Cette carabine de chasse peut tirer à une distance de 300 m sur une cible de 1 m de diamètre. L'âme du canon est rayée en spirale, ce qui donne un effet de vrille à la balle.

Plombs de pistolet à air comprimé

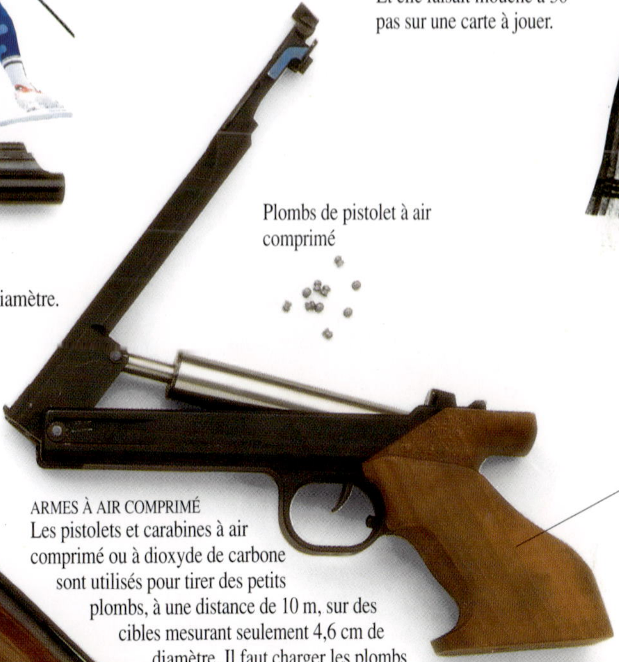

ARMES À AIR COMPRIMÉ
Les pistolets et carabines à air comprimé ou à dioxyde de carbone sont utilisés pour tirer des petits plombs, à une distance de 10 m, sur des cibles mesurant seulement 4,6 cm de diamètre. Il faut charger les plombs un par un.

La crosse en bois est conçue pour être bien tenue en main

Cartouche

Plomb «BB» de 4,3 mm

Chevrotine

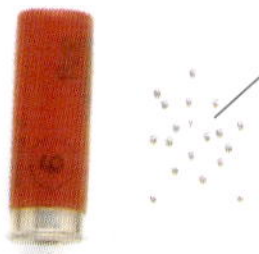

Plomb n° 9 de 2 mm

TYPES DE PLOMBS
Les diamètres des plombs sont fonction de leur utilisation : les gros calibres vont plus loin et servent à tirer les oiseaux, alors que les petits calibres s'éparpillent plus rapidement : on s'en sert pour le ball-trap.

LE BALL-TRAP
Ces cibles en argile sont lancées deux par deux de façon à simuler des oiseaux en plein vol.

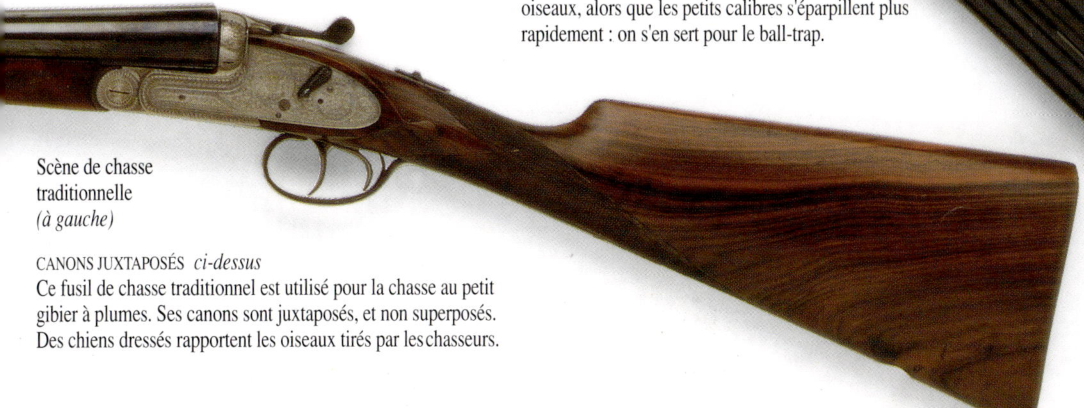

Scène de chasse traditionnelle *(à gauche)*

CANONS JUXTAPOSÉS *ci-dessus*
Ce fusil de chasse traditionnel est utilisé pour la chasse au petit gibier à plumes. Ses canons sont juxtaposés, et non superposés. Des chiens dressés rapportent les oiseaux tirés par les chasseurs.

BOULES ET BOWLING SE JOUENT À MAINS NUES

Il y a deux catégories de sports de boules : ceux dont le but est de faire tomber des quilles, et ceux où les joueurs tentent de placer leurs boules au plus près du cochonnet. La forme actuelle du bowling à dix quilles a été inventée pour remplacer le jeu de «skittles» – où neuf quilles formaient un «diamond» – qui venait d'être interdit aux États-Unis en 1845. Les joueurs ont rajouté une quille et les ont placées en triangle.

BOULES *ci-dessus*
Le jeu de boules, la pétanque, est particulièrement prisé des Français. Les boules métalliques sont pointées en direction d'un cochonnet en bois ou tirées sur les boules adverses, sur un terrain généralement sablonneux.

Cochonnet de «crown-green»

Tapis de pied de «crown-green»

Boule de «crown-green» ou «bois» de terrain bombé

Boule

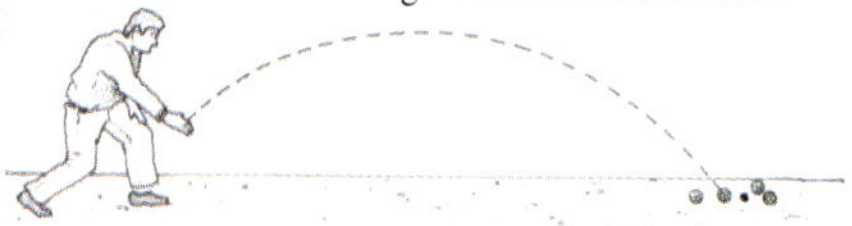

Tirer

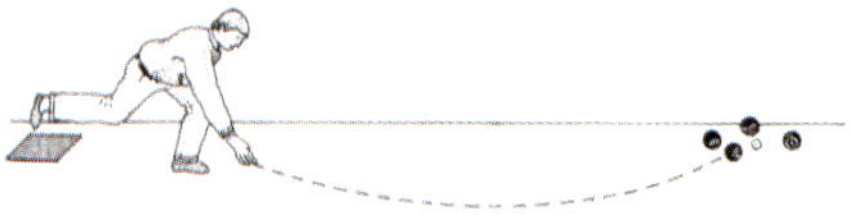

Pointer

BOULES DE «CROWN-GREEN» *ci-dessus*
Le jeu se déroule sur une pelouse carrée légèrement bombée au milieu. Le cochonnet est plus grand que celui du jeu sur terrain plat, plus répandu.

TECHNIQUES DES BOULES *ci-dessus*
Dans les jeux de boules et de boules anglaises («bowls»), l'objectif est le même. C'est la manière de l'atteindre qui est différente : les boules peuvent être tirées, alors que les boules anglaises sont roulées sur le sol. La boule est plombée sur un côté pour donner de l'effet en roulant.

CHAUSSURES DE BOULES ANGLAISES
Leurs semelles plates n'abîment pas la pelouse.

Boule de «flat-green»

Cochonnet de «flat-green»

BOULES ANGLAISES SUR TERRAIN PLAT
Traditionnellement, chaque jeu de quatre boules, ou «bois», était façonné dans une seule bille de bois lourd *(lignum vitae)*. Aujourd'hui, les boules noires ou marron foncé sont plus souvent en caoutchouc ou en matériaux composites.

SIR FRANCIS DRAKE
Selon la légende, sir Francis Drake jouait aux boules à Plymouth au moment où l'Invicible Armada se présenta au large des côtes en 1588.

JEU DE BOULES MÉDIÉVAL
Les jeux dont le but est de tirer ou de faire rouler des boules vers une cible sont très anciens et très populaires. Ils remontent à l'époque des pharaons.

LES BILLES *ci-dessous*
A Rome déjà, les enfants connaissaient une forme de jeu de billes : ils faisaient tomber des noix sur le sol, dans une zone délimitée. Il existe de nombreuses formes de ce jeu.

Billes

LE JEU DE QUILLES
Le but de ce jeu est de renverser en un seul coup le plus grand nombre de quilles.

Boule de bowling

La plupart des joueurs de bowling tiennent la boule avec trois doigts

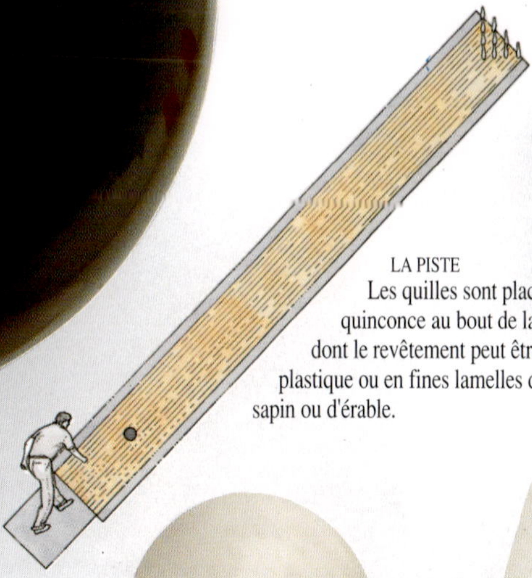

LA PISTE
Les quilles sont placées en quinconce au bout de la piste, dont le revêtement peut être en plastique ou en fines lamelles de sapin ou d'érable.

LE BOWLING À DIX QUILLES
La boule doit être roulée le long d'une piste, le joueur essayant de faire tomber le plus grand nombre de quilles placées au bout. On marque des points selon le nombre de quilles renversées. La boule, dure, en caoutchouc ou en matière plastique, pèse jusqu'à 7,26 kg. De petites ouvertures rondes sur sa surface facilitent sa prise en main.

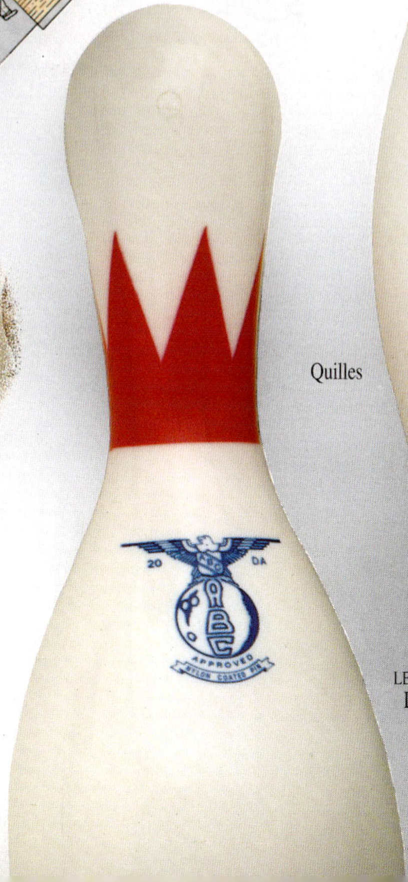

Quilles

Palet de curling

LE CURLING *ci-dessus*
C'est un jeu de boules sur glace : les joueurs font glisser des palets vers une cible désignée, la «maison». Pendant la course, on brosse la glace devant le palet pour lui permettre de conserver sa trajectoire et pour entretenir son élan.

LES QUILLES
Les dix quilles sont en bois d'érable revêtu de plastique pour les protéger des coups de boules. Chaque quille repose sur un emplacement numéroté.

GOLF, CROQUET ET POLO ONT BESOIN D'UNE CANNE

Les origines du golf sont assez mystérieuses, mais il semble faire partie de la famille des jeux de boules et de croquet. Dans sa forme moderne, le golf a été inventé par des Écossais il y a environ 400 ans. Les golfeurs se servent de clubs pour taper dans une petite balle, placée sur un support de départ, le tee, en direction d'un trou situé à une certaine distance. Les parcours modernes de golf ont dix-huit trous. Le but du jeu est d'accomplir ce parcours en un minimum de coups.

LES CLUBS
Un joueur peut utiliser jusqu'à 14 clubs différents pour un seul parcours. La plupart des joueurs utilisent trois ou quatre «bois», neuf à dix «fers» et un «putter». On ne doit frapper la balle qu'avec la tête du club.

LES BOIS
Ce sont des clubs à tête de bois, parfois de plastique ou de métal, dont les manches sont plus longs que ceux des autres clubs. Ils peuvent envoyer la balle très loin, c'est pourquoi l'on s'en sert pour le premier coup ou «drive» et pour d'autres coups longs. Les bois les plus courants sont numérotés de 1 à 5. Le numéro 1, «driver», est le plus grand.

Bois numéro 1

Bois numéro 3

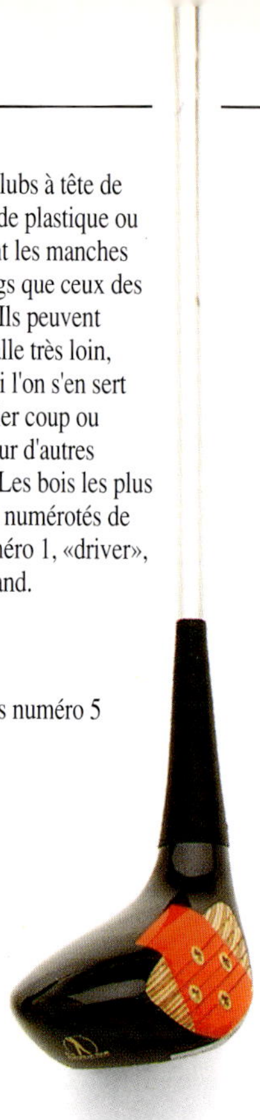

Bois numéro 5

TÊTES DE CLUBS
Les clubs de bois sont en plaqueminier, en bois laminé ou autres. Des «inserts» et des semelles en métal leur donnent plus de solidité.

LE SWING *à gauche*
La balle est placée sur un tee en bois ou en plastique pour la surélever du sol. Le joueur la frappe en balançant son club en un arc de cercle presque complet. Quand, au départ, on réussit à envoyer la balle dans le trou en un seul coup, on marque un «trou en un».

Balle d'entraînement

Balle de golf

Tee

LES BALLES DE GOLF
Elles sont couvertes de plus de 400 alvéoles, pour stabiliser leur trajectoire et allonger leur parcours. Les joueurs s'entraînent avec des balles creuses.

UN PARCOURS CARACTÉRISTIQUE *ci-dessous*
La distance jusqu'au trou, entre 100 et 600 m, détermine le «par», c'est-à-dire le nombre de coups normalement nécessaires pour envoyer la balle dans le trou. Si le joueur atteint le trou en faisant un coup de moins que le «par», il réalise un «birdie»; avec deux coups de moins, il marque un «eagle»; et trois coups de moins un «albatros». La longueur du parcours et les détails du terrain sont très variables.

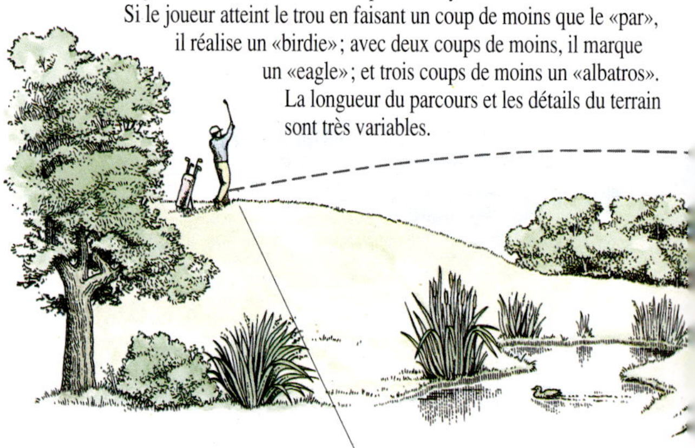

Le tee est le petit socle sur lequel est placée la balle au coup d'envoi

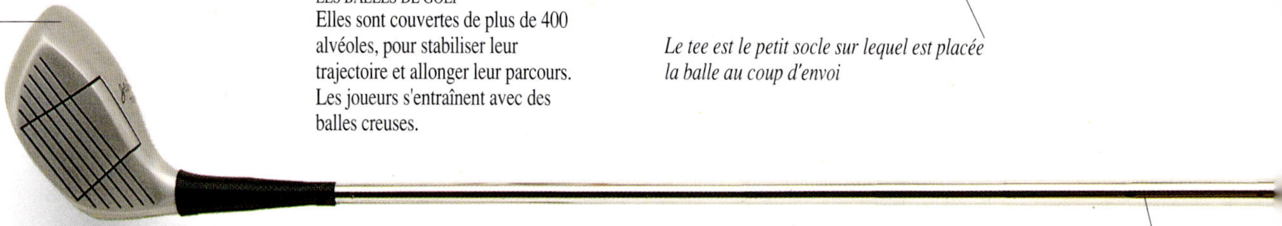

Tête de club

BOIS EN MÉTAL
Certains «bois» sont en métal ou en plastique.

Manche

GAINES PROTECTRICES
Des gaines spéciales protègent des intempéries les têtes de clubs, avant et après utilisation.

LES ORIGINES DU GOLF
A mi-chemin entre le golf et le hockey, le «bandy-ball», jeu de canne et de balle, se pratiquait déjà au XIVe siècle.

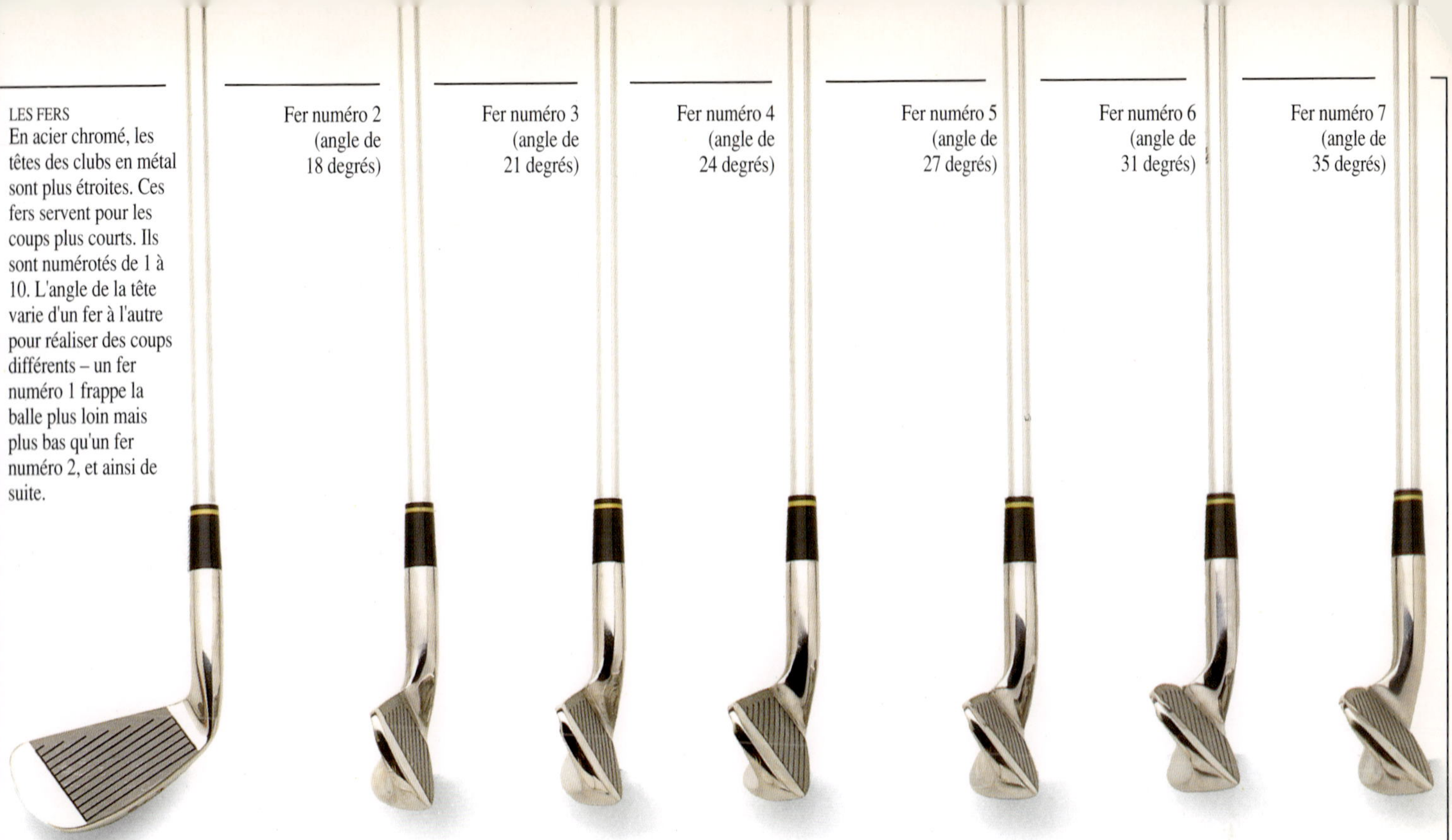

LES FERS
En acier chromé, les têtes des clubs en métal sont plus étroites. Ces fers servent pour les coups plus courts. Ils sont numérotés de 1 à 10. L'angle de la tête varie d'un fer à l'autre pour réaliser des coups différents – un fer numéro 1 frappe la balle plus loin mais plus bas qu'un fer numéro 2, et ainsi de suite.

Fer numéro 2 (angle de 18 degrés)

Fer numéro 3 (angle de 21 degrés)

Fer numéro 4 (angle de 24 degrés)

Fer numéro 5 (angle de 27 degrés)

Fer numéro 6 (angle de 31 degrés)

Fer numéro 7 (angle de 35 degrés)

LE DRIVE
Le coup d'envoi est généralement donné par un bois, selon la longueur du trou à jouer. La balle peut être placée à même le sol ou sur un tee en bois ou en plastique, ou encore sur un monticule de sable.

AVANCER SUR LE «FAIRWAY»
Il est important d'envoyer la balle jusque sur le «fairway», pour faciliter le deuxième coup. En frappant la balle, le joueur doit tenir compte du sens et de la force du vent.

L'APPROCHE DU «GREEN»
Au moment de viser le «green», le joueur doit évaluer l'état du terrain. Sur un terrain sec et dur, la balle aura tendance à rebondir et à rouler plus loin que sur un terrain humide et souple.

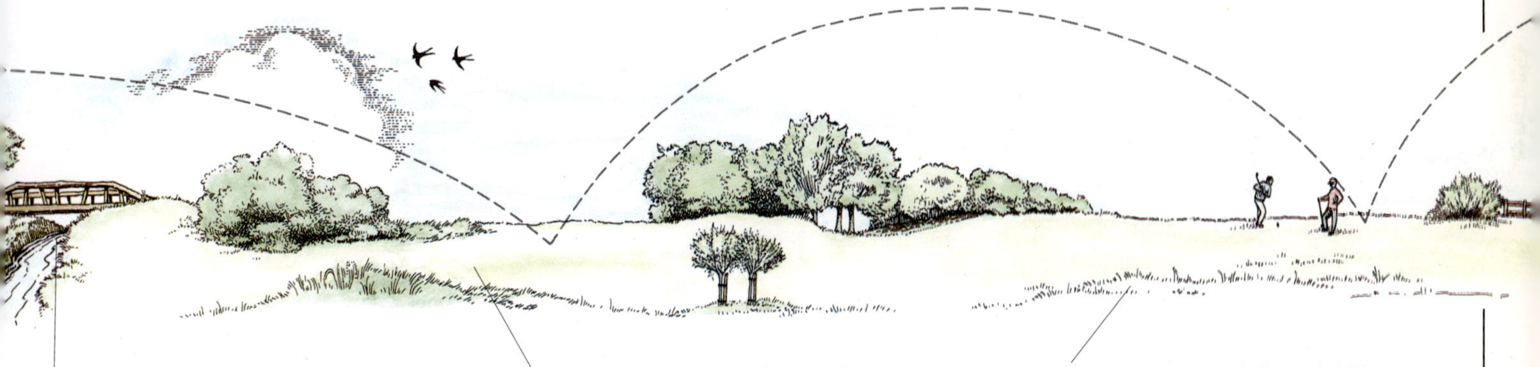

Le parcours est parsemé d'obstacles : mares, ruisseaux, etc.

Le «fairway» est un espace de gazon où se déroule le jeu

Le «rough» est une partie du terrain à l'état naturel que les joueurs s'efforcent d'éviter

Poignée

Une golfeuse vers 1913

UN SPORT ARISTOCRATIQUE
Au XVIIe siècle, Marie Stuart était une golfeuse enthousiaste. Le golf n'a jamais cessé d'être un des sports favoris de l'aristocratie.

GANT DE GOLFEUR
Les joueurs de golf portent un gant à la main gauche (s'ils sont droitiers) pour avoir une meilleure prise sur le club.

Le «pitching wedge», utilisé pour «élever» la balle jusqu'au «green» (angle de 48 degrés)

Le «sand wedge», pour les sorties de «bunker» (angle de 55 degrés)

LES PUTTERS

Ces clubs légers, souvent métalliques, sont réservés au «green» (gazon ras). Leur surface de frappe est toujours plate mais leurs formes sont assorties aux goûts individuels des joueurs.

Putter standard à manche central

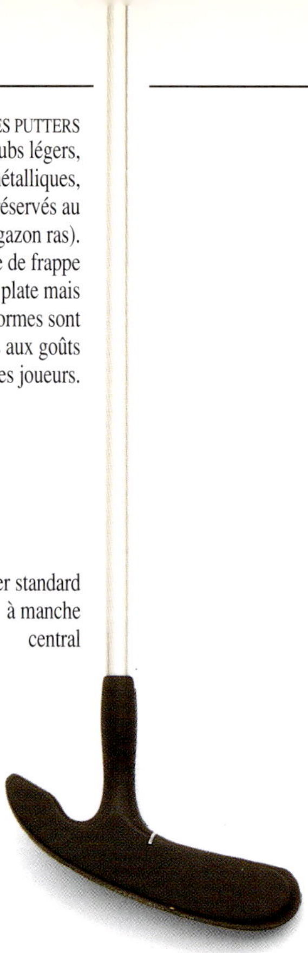

Putter à grosse tête et manche incliné

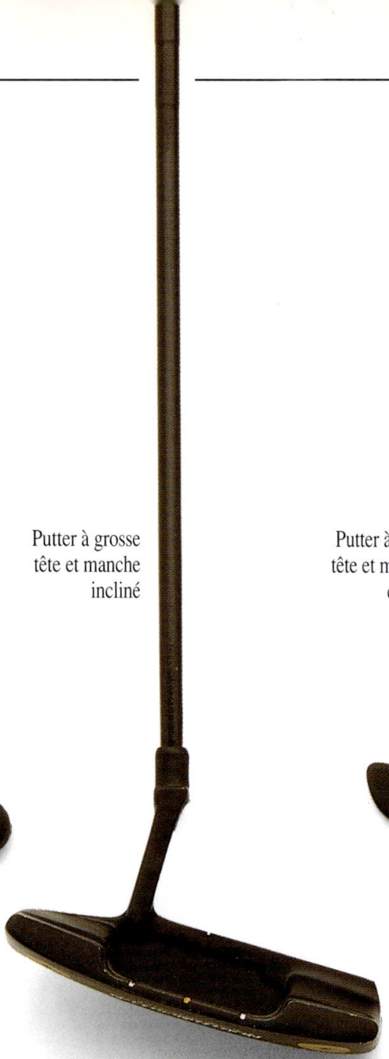

Putter à petite tête et manche central

LES SORTIES DE BUNKER

Si la balle est envoyée malencontreusement dans le bunker, ou fosse à sable, il peut être très difficile de l'en sortir. Un club de type «sand wedge» sera alors utilisé.

LE PUTT

Lorsque la balle a atteint le «green», le joueur utilise un putter pour la faire avancer jusqu'au trou.

LA TECHNIQUE DU PUTT

On doit taper la balle avec la tête du club – il ne faut ni la pousser ni la «brosser». Le joueur doit tenir compte du dénivelé du terrain au moment de frapper la balle.

Des aires de sable, ou «bunkers», sont souvent placées à l'entrée du green

Le green est une zone de gazon tondu ras où se trouvent les trous

Le trou est indiqué par un drapeau, le «pin»

LE MARQUAGE

Sur le terrain, les joueurs sont autorisés à ramasser leur balle et à marquer sa position d'un petit disque-repère pendant que l'adversaire joue.

LE CADDIE

Ce terme désigne la personne chargée de porter les clubs et de prêter assistance au joueur durant le parcours. Ci-contre un caddie du XVIIIe siècle.

CHAUSSURES DE GOLF

Les golfeurs portent des chaussures à pointes vissées qui leur donnent une meilleure «assiette» au moment du swing. Les chaussures de golf les plus chères du monde sont doublées de vison, gansées de fil d'or et garnies de pointes en rubis.

LE CROQUET

Le croquet a beaucoup de points communs avec les boules anglaises (p. 56) mais, comme pour le golf, il s'agit de frapper une boule vers une cible. Le maillet remplace le club. On marque les points en faisant passer les boules de couleur sous une série d'arceaux, dans un ordre donné. Le secret du jeu est de tenir les boules de son propre camp en rangs serrés, tandis que l'on tente de séparer les boules du camp adverse. Le vainqueur est le premier qui fait parvenir toutes ses boules à la fin du parcours.

LE PIQUET
Il faut faire passer chaque boule deux fois sous chacun des six arceaux. Un arceau franchi vaut un point. A la fin de chaque parcours, le joueur doit faire taper la boule contre le piquet en bois pour marquer un point

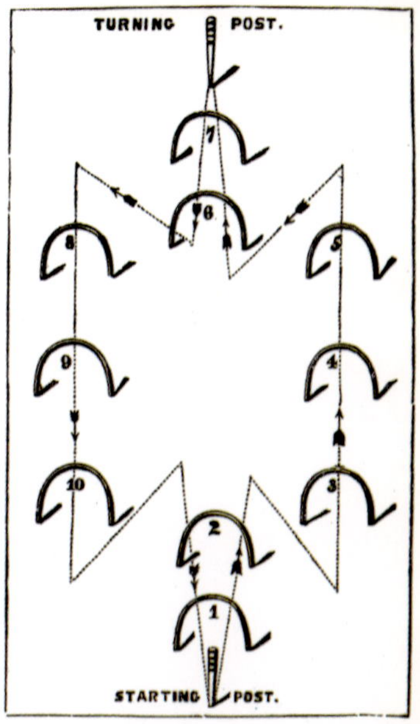

JEU À 10 ARCEAUX
Les parties de croquet moderne comportent six arceaux mais le jeu à l'ancienne en avait dix. Les larges arceaux en arche arrondie rendaient le passage de la boule trop facile. Ils ont été remplacés par des arceaux plus étroits.

UNE ÉPOQUE RÉVOLUE
Comme le golf, le croquet était très à la mode pendant la deuxième moitié du XIXe siècle mais il a été peu à peu supplanté par le tennis (p. 30) à la fin du siècle. Il connaît aujourd'hui un certain renouveau.

LES BOULES
Chaque joueur ou équipe se voit attribuer deux des quatre boules. Elles sont en buis ou en matériaux composites.

Le manche d'un maillet est généralement en bois de frêne

LES MAILLETS
Les joueurs doivent frapper – et non pas «pousser» – la boule, avec la tête du maillet. Celui-ci mesure environ 80 cm de long.

LE CROQUET
Si la boule d'un joueur en frappe une autre, il est autorisé à faire un coup de croquet : il place sa boule contre l'autre et la frappe de telle manière qu'elles partent dans des directions opposées.

LES ARCEAUX
Les arceaux métalliques sont juste assez larges pour laisser passer la boule. Ils sont peints en blanc, l'arche du dernier étant rouge.

La tête du maillet en buis est tantôt carrée, tantôt cylindrique

SIMPLES ET DOUBLES
Deux joueurs peuvent disputer une partie avec deux boules chacun, ou quatre joueurs peuvent former deux équipes, chaque joueur disposant d'une boule. Chaque joueur devra garder la même couleur de boule pendant la partie. Les bleus et noirs jouent toujours contre les rouges et jaunes.

LE HOCKEY A CHEVAL
Le polo, joué par des équipes de quatre cavaliers, est un sport entre le hockey (p. 16) et le croquet. Les maillets à manche long, en bois de sycomore ou de frêne, servent à frapper une balle en direction des buts distants de 275 m.

BILLARD AMÉRICAIN ET SNOOKER SE METTENT À TABLE

Ces sports d'intérieur se jouent sur une table rectangulaire munie, aux quatre coins et au milieu des deux longs côtés, de «blouses». Les joueurs se servent de longues queues en bois pour faire tomber les billes dans les blouses et marquer ainsi des points. Dans le billard «à 8 billes», ils tentent de «blouser» leurs billes avant que l'adversaire puisse en faire autant. Ces deux jeux sont dérivés du jeu de billard dont l'origine remonte au XVe siècle : on y jouait alors sur gazon. Le roi Louis XI aurait été le premier à en faire un jeu d'intérieur.

LA MASSUE ROYALE
Le jeu de billard était très prisé à la cour de Versailles. A l'époque de Louis XIV, les joueurs frappaient la bille avec une «massue» – une canne d'environ 1 m de long, dont une extrémité était aplatie en forme de cuiller.

Plus de 56 km de fil de laine sont nécessaires pour recouvrir une table de 4 m x 2 m

LA TABLE
Les premières tables étaient en chêne et en marbre. Les plateaux en ardoise ont été introduits vers 1830 seulement. Ils garantissent une surface plate parfaite. La table est recouverte d'un tapis de laine fine.

Le plateau d'ardoise est vissé au cadre en bois

Couleurs unies

Bille de 8

Billes à bandes

Bille blanche

LES BILLES DE BILLARD
Elles sont divisées en deux groupes : numérotées de 1 à 7, de couleurs unies, et numérotées de 9 à 15, avec des bandes. Dans le billard «à 8 billes», chaque joueur doit «blouser» toutes les billes de l'un des deux groupes, puis la bille numéro 8, pour gagner la partie.

LES BLOUSES
Les billes qui tombent dans les trous atterrissent dans des blouses.

Les queues à deux pièces se vissent

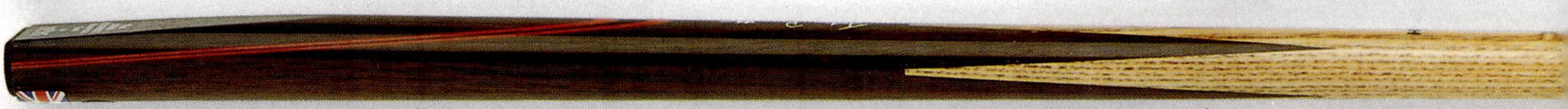

LE SNOOKER

Il a été inventé par un officier de l'armée britannique des Indes en 1875. À l'époque, le terme «snooker» désignait les jeunes recrues de l'armée. Les joueurs marquent des points en empochant les billes rouges d'abord, après quoi ils peuvent tenter une bille de couleur, qui vaut plus de points. Les billes de couleur sont chaque fois remises à leur place, jusqu'à ce qu'il ne reste plus aucune bille rouge. Ensuite les joueurs essayent de blouser les billes de couleur dans un ordre imposé, terminant par la bille noire.

Position des billes avant la mise en jeu

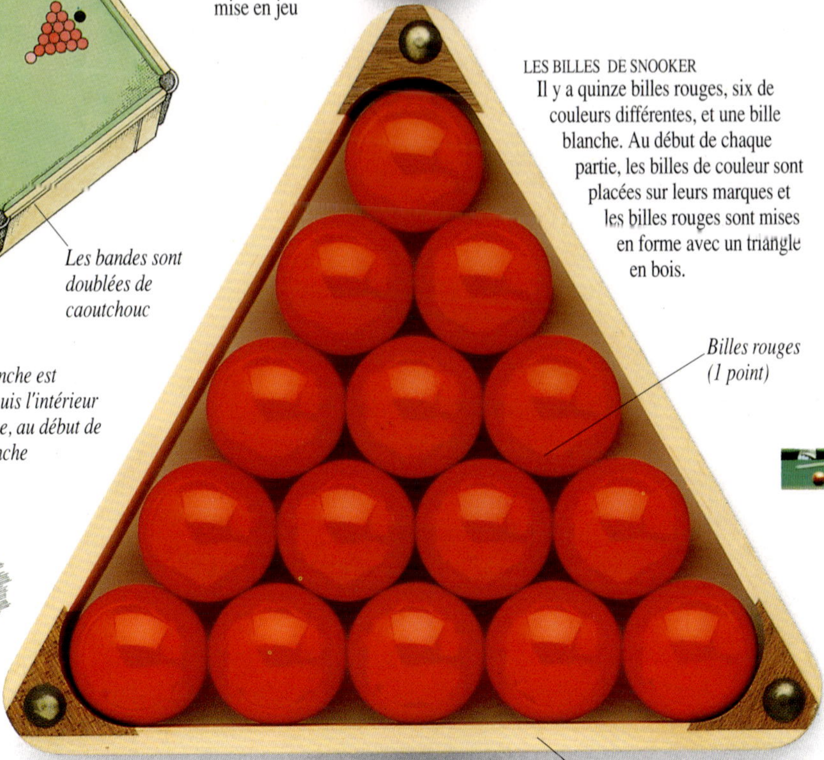

LES BILLES DE SNOOKER
Il y a quinze billes rouges, six de couleurs différentes, et une bille blanche. Au début de chaque partie, les billes de couleur sont placées sur leurs marques et les billes rouges sont mises en forme avec un triangle en bois.

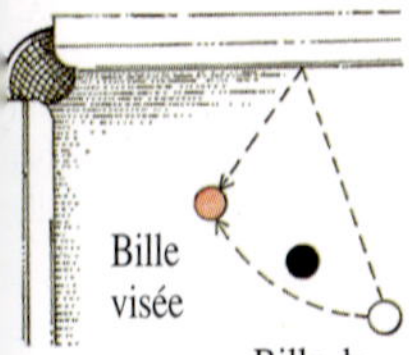

LE SNOOKER *à gauche*
Un joueur est «snookered» (bloqué) si la voie directe vers la bille visée est bloquée par une autre bille.

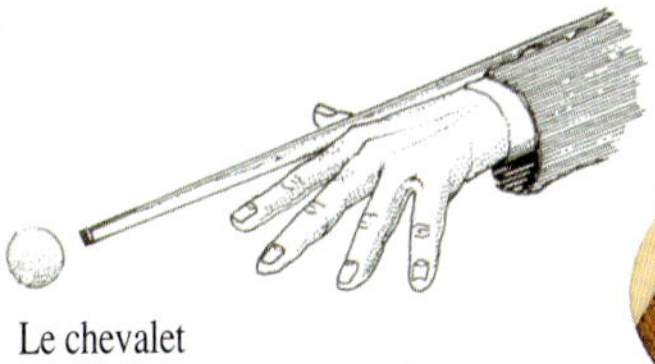

Le chevalet

LE COUP DE QUEUE
Le joueur frappe en se penchant sur la table et en posant la queue sur le chevalet formé par les doigts de la main placée devant.

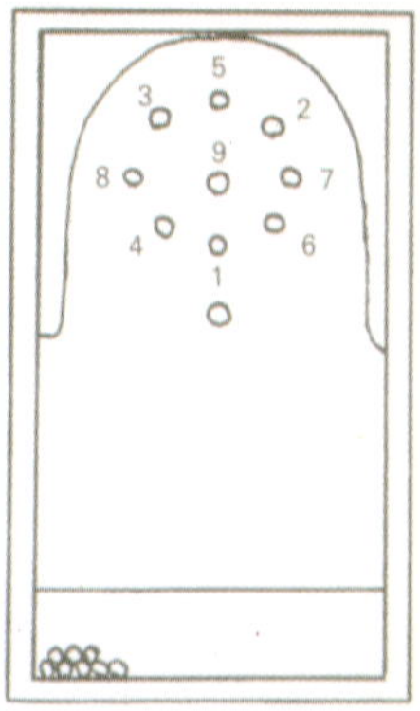

JEU DE BAGATELLE
Il s'agit d'un autre jeu de table. Dans cette version, qui se joue sur une table de 2 à 3 m de long, on doit faire tomber les billes dans des trous numérotés. Dans certains cas, on ajoutait autrefois des quilles, des arceaux et des cloches, préfigurant ainsi le billard électrique.

LE SUPPORT
Si la position de la bille blanche rend difficile ou impossible l'emploi du chevalet normal, on peut se servir d'un support : il en existe différents modèles selon les situations.

Support ordinaire

Support «araignée»

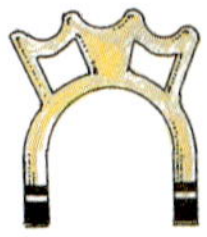

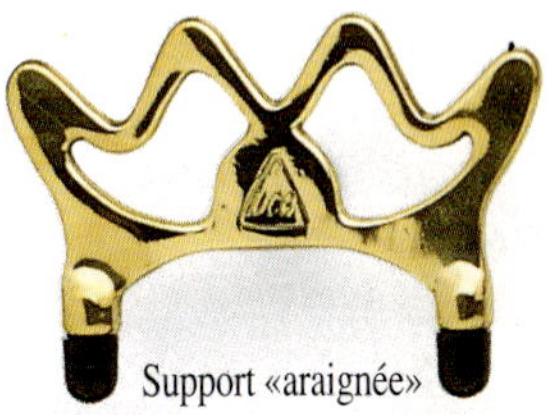

Support «araignée»

LA QUEUE
Elle peut être en une seule ou en deux pièces de bois de frêne, d'érable canadien ou de bois durs d'Amérique du Sud, comme l'ébène. L'embout bombé est en cuir.

LA CRAIE
On frotte l'embout de la queue avec une craie pour améliorer le contact avec la bille

INDEX

NOTE

L'auteur et Dorling Kindersley tiennent à remercier :
Grandstand Sports and Leisure
Geron Way
Edgware Road
London NW2

A & D Billiards & Pool Services Ltd, Amateur Athletics Association, Amateur Boxing Association, Amateur Fencing Association, Badminton Association, Badminton Association of England Ltd, Bapty and Co. Ltd, Billiards and Snooker Control Council, British Amateur Baseball and Softball Federation, British Amateur Gymnastics Association, British Weight Lifters Association, British American Football Association, British Ice Hockey Federation, British Racketball Association, British Tempin Bowling Association, Jonathan Buckley, Continental Sports Products Co., The Croquet Association, Dragon Martial Arts, English Basketball Association, English Bowling Association, English Table Tennis Association, The Football Association, The Football League Ltd, C.L. Gaul & Co. Ltd, James Gilbert Ltd, Grand National Archery Society, Grays of Cambridge (International) Ltd, Gridiron Sports, International Hockey federation, Quicks the Archery Specialist, Leon Paul Equipment Co. Ltd, Charlie Magri Sports, Martial Arts Commission, Marylebone Cricket Club, Minerva Football Co. Ltd, Diana Morgan, Newitt & Co Ltd, Professionnal Golfers Association, The Rugby Football Union, Len Smiths (School & Sports) Ltd, Squash Rackets Association, Wilson Sporting Goods Co. Ltd, Wimbledon Lawn Tennis Museum. Ray Owen pour les illustrations et pour l'édition française, Marc Simon, micro-informatique. Les pp. 3 et 39 ont pu être réalisées grâce à l'aide de Recreational Surfaces Ltd.

ICONOGRAPHIE

h = haut, b = bas, m = milieu, g = gauche, d = droite
All-sport (UK) : 6 hd, bm; 7m; 9 b; 10 h, md; 11 hd; 13 hm, mg; 14 bd; 16 mg; 18 hd; 19 hm, bd; 20 hg, bd; 21 bg; 23 bm; 26 md; 27 m; 35 mg, bg; 36 bg; 37 mg; 38 hg, bg; 39 hg, m; 40 hd, bd; 47 hg; 48 bg, md; 50 bg; 52 bd; 55 hg; 61 b; 63 md, bg.
BBC Hulton Picture Library : 10 bd; 13 bd; 18 hg; 22 hd, bg; 25 bg; 28 mg; 38 mg; 40 bg; 44 hm; 50 hg; 51 hd, m; 52 bg; 53 m; 54 hg; 55 hd; 57 hg, hd; 62 hd.
The British Library : 54 bd.
The British Museum : 49 hm.
Colorsport/SIPA : 7 hm, hd; 9 m; 14 hd; 15 hg; 24 bg; 27 hg; 31 hd, mg; 34 m; 42 hd, bg; 43 bg; 44 mg, bm, bd; 45 bg, bm; 49 m; 54 m; 58 mg.
The Mansell Collection : 34 bm; 35 bd; 56 bd; 58 bd.
Mary Evans Picture Library : 8 h; 14 hg, mg; 15 md; 16 hd, bg; 17 md; 25 hg, bd; 26 hg, m; 30 bd; 31 hg; 32 hg; 34 hg; 37 bd; 39 bg; 41 mg, bm; 46 bm; 52 hg, hd, md; 57 bg; 59 bg; 60 bg; 61 mg.
Les pages 42-43 ont pu être réalisées grâce à W. D. & H. O. Wills.

ILLUSTRATIONS

Will Giles : 10 m, bg; 30 mg; 35 hg; 38 md; 40 hd; 57 m; 62 bg; 63 mg.
Sandra Pond : 6 m; 13 hd, m; 16 md; 19 hg; 20 md; 21 hg; 22 bg; 24 md; 26 hd; 39 m; 40 b; 46 mg, m; 51 m.
Coral Mula : 58-60 m.

Recherche iconographique de Joanne King.